Impressum
Verlag: BABADADA GmbH, Nedderfeld 112 , 22529 Hamburg
Geschäftsführer / Verlagsleitung: Harald Hof
Druck: Books on Demand GmbH, In de Tarpen 42, 22848 Norderstedt

Imprint
Publisher: BABADADA GmbH, Nedderfeld 112 , 22529 Hamburg, Germany
Managing Director / Publishing direction: Harald Hof
Print: Books on Demand GmbH, In de Tarpen 42, 22848 Norderstedt, Germany

المدرسة

школа

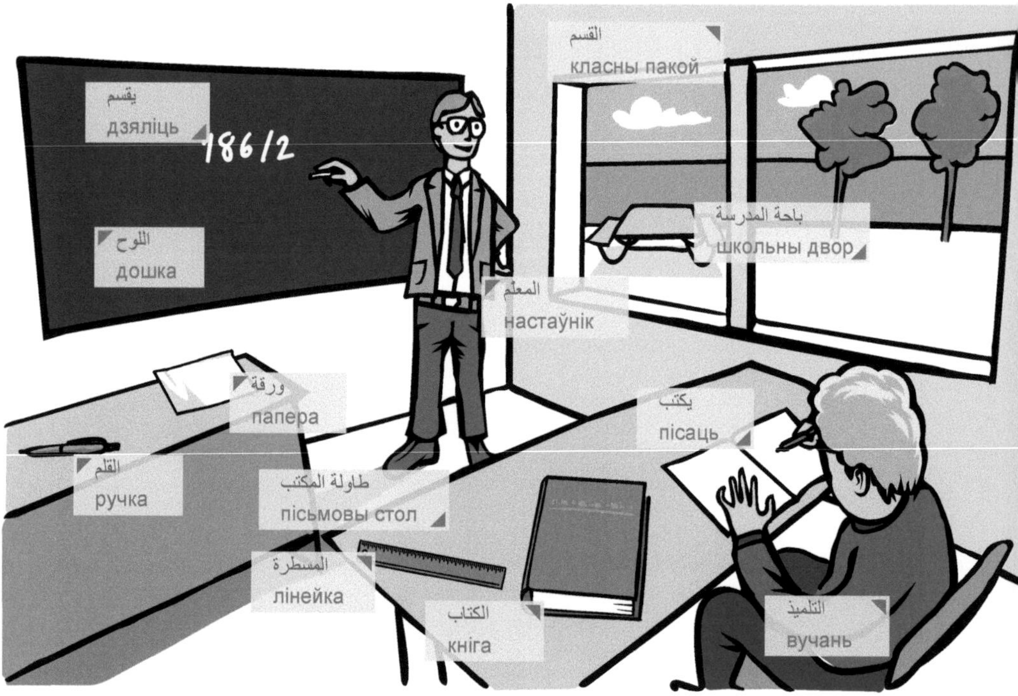
القسم
класны пакой
يقسم
дзяліць
186/2
اللوح
дошка
باحة المدرسة
школьны двор
المعلّم
настаўнік
ورقة
папера
يكتب
пісаць
القلم
ручка
طاولة المكتب
пісьмовы стол
المسطرة
лінейка
الكتاب
кніга
التلميذ
вучань

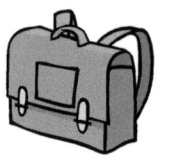

الحقيبة المدرسية

ранец

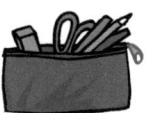

المقلمة

пенал

قلم الرصاص

просты аловак

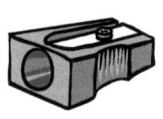

البرّاية

тачылка для алоўкаў

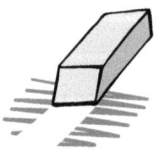

المِمحاة

гумка

دفتر الرسم

альбом для малявання

الرسمة

малюнак

الفرشاة

пэндзлік

علبة التلوين

фарбы

المقص

нажніцы

المادة اللاصقة

клей

دفتر التمارين

сшытак

الواجب المدرسي

хатняе заданне

الرقم

лік

2+2

يجمع

дадаваць

5-2

يطرح

адымаць

2×2

يضرب

множыць

يحسب

лічыць

A

الحرف

літара

ABCDEFG HIJKLMN OPQRSTU VWXYZ

الأبجدية

алфавіт

كلمة

слова

النص

تэкст

يقرأ

чытаць

الطبشور

крэйда

الحصة

ўрок

دفتر الدوام المدرسي

класны журнал

الامتحان

экзамен

شهادة

атэстат

اللباس المدرسي

школьная форма

التعليم

адукацыя

الموسوعة

энцыклапедыя

الجامعة

універсітэт

المجهر

мікраскоп

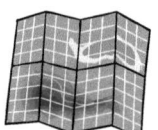

الخريطة

карта

قماما

смеццевы кошык

سفر

падарожжа

Grand
فندق
гатэль
بيت الشباب
хостэл
ROOMS
EXCHANGE
مكتب صرافة
абменны пункт
حقيبة
чамадан
سيارة
аўтамабіль

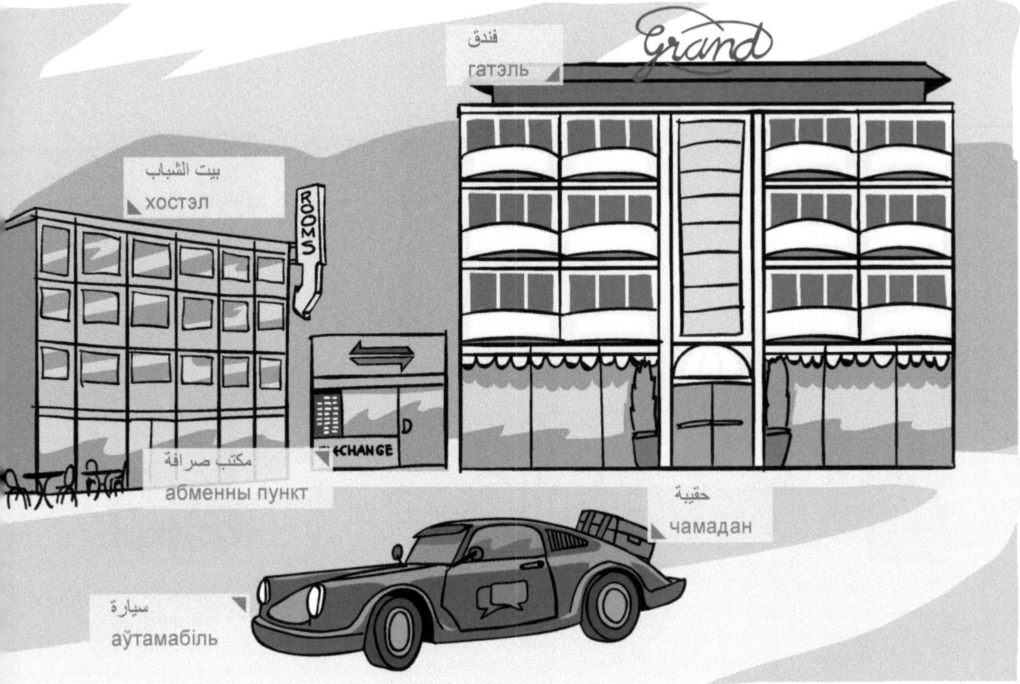

اللغة

мова

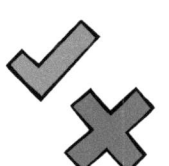

نعم / لا

так / не

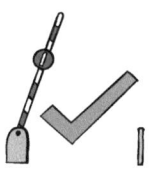

حسناً

добра

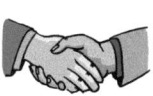

مرحباً

прывітанне!

مترجم

перакладчык

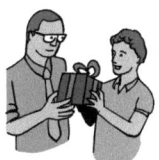

شكراً

дзякуй

كم ثمن ... ؟

Колькі каштуе....?

لا أفهم

я не разумею

مشكلة

праблема

مساء الخير

Добры вечар!

صباح الخير!

Добрай раніцы!

ليلة سعيدة

Дабранач!

إلى اللقاء

да пабачэння

اتجاه

кірунак

أمتعة السفر

багаж

حقيبة

сумка

حقيبة ظهر

заплечнік

ضيف

госць

غرفة

пакой

كيس للنوم

спальны мяшок

خيمة

палатка

استعلامات سياحية

фармацыя для турыстаў

شاطئ

пляж

بطاقة انتمان

крэдытная картка

إفطار

снеданне

طعام الغداء

абед

العشاء

вячэра

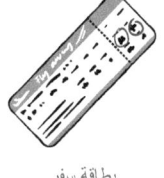

بطاقة سفر

праязны білет

مصعد

ліфт

طابع بريدي

паштовая марка

حدود

мяжа

الجمارك

мытня

سفارة

пасольства

تأشيرة

віза

جواز سفر

пашпарт

نقل

транспарт

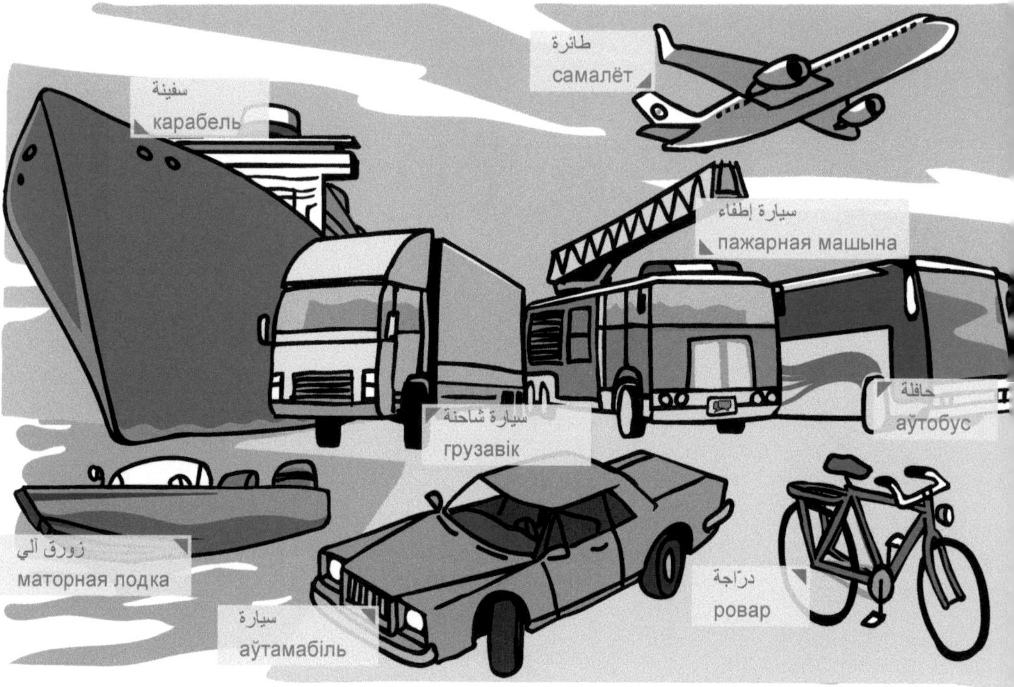

طائرة
самалёт
سفينة
карабель
سيارة إطفاء
пажарная машына
حافلة
аўтобус
سيارة شاحنة
грузавік
زورق آلي
маторная лодка
درّاجة
ровар
سيارة
аўтамабіль

عبارة

парoм

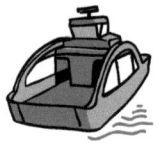

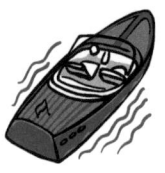

قارب

лодка

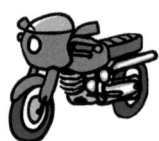

دراجة نارية

матацыкл

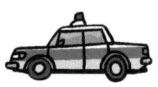

سيارة شرطة

паліцэйская машына

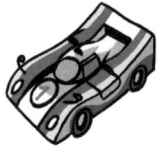

سيارة سباق

гоначны аўтамабіль

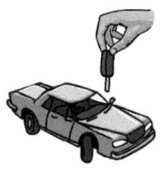

سيارة مستأجرة

арэндаваны аўтамабіль

أسلوب تشاركي في استئجار السيارات

سумеснае карыстанне аўтамабілем

سيارة للجر

эвакуатар

سيارة نقل القمامة

смеццявоз

محرك

матор

وقود

паліва

محطة وقود

запраўка

إشارة مرور

дарожны знак

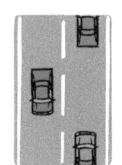

حركة السير

дарожны рух

ازدحام سير

затор

موقف سيارات

паркоўка

محطة قطار

чыгуначная станцыя

سكك حديدية

рэйкі

قطار

цягнік

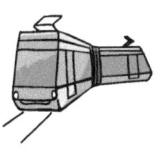

ترام

трамвай

عربة قطار

вагон

طائرة مروحية

верталёт

مطار

аэрапорт

برج

вежа

مسافر

пасажыр

حاوية

кантэйнер

علبة كرتون

кардонная скрыня

عربة يد

тачка

سلة

карзіна

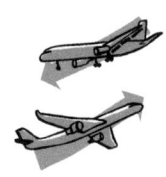

يقلع / يهبط

ўзлятаць / прызямляцца

горад

قرية

вёска

مركز المدينة

цэнтр горада

بيت

дом

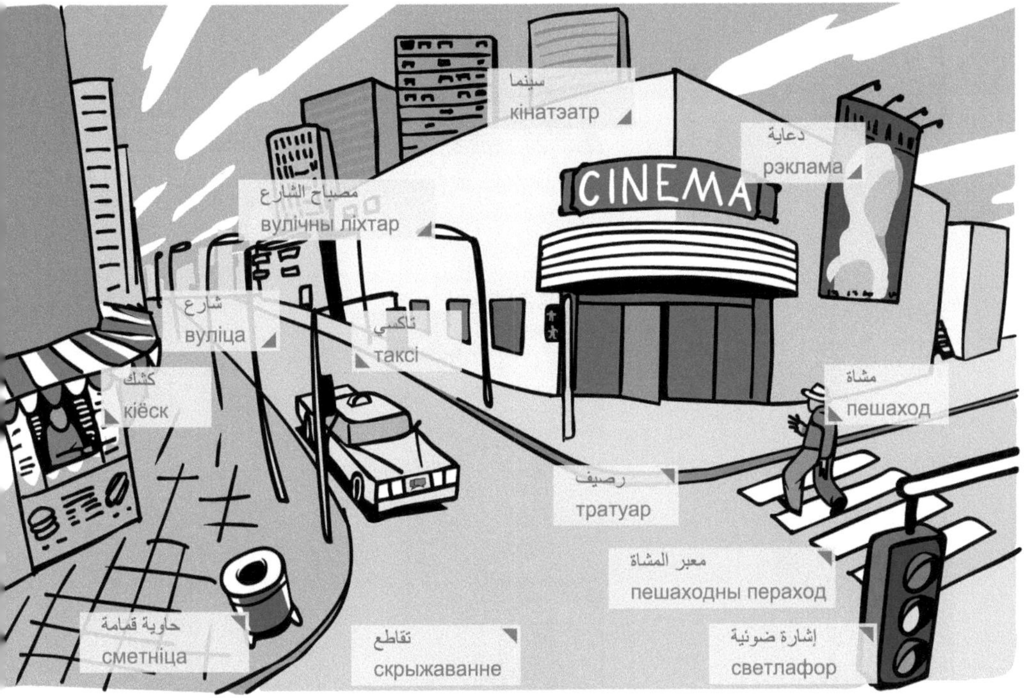
CINEMA
سينما
кінатэатр
دعاية
рэклама
مصباح الشارع
вулічны ліхтар
شارع
вуліца
تاكسي
таксі
كشك
кіёск
مشاة
пешаход
رصيف
тратуар
معبر المشاة
пешаходны пераход
حاوية قمامة
сметніца
تقاطع
скрыжаванне
إشارة ضوئية
светлафор

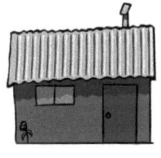

كوخ

халупа

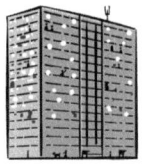

شقة

кватэра

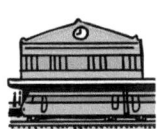

محطة قطار

чыгуначная станцыя

دار البلدية

ратуша

MUSEUM

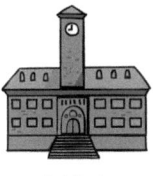

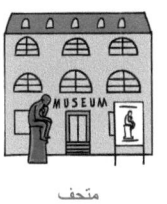

متحف

музей

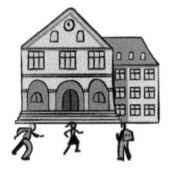

المدرسة

школа

الجامعة

універсітэт

مصرف

банк

المستشفى

шпіталь

فندق

гатэль

صيدلية

аптэка

مكتب

офіс

مكتبة

кнігарня

متجر

крама

محل لبيع الزهور

кветкавая крама

سوبرماركت

супермаркет

سوق

кірмаш

متجر كبير

універмаг

تاجر السمك

рыбная крама

مركز تسوّق

гандлевы цэнтр

ميناء

порт

حديقة عامة

парк

مقعد

лава

جسر

мост

درج، سلم

лесвіца

مترو

метро

نفق

тунэль

موقف حافلات

прыпынак

بار

бар

مطعم

рэстаран

صندوق البريد

паштовая скрыня

لافتة باسم الشارع

вулічны паказальнік

مقياس زمن الوقوف

паркамат

حديقة حيوانات

заапарк

مسبح

басейн

مسجد

мячэць

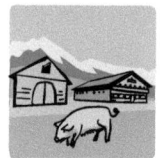

مزرعة

сядзіба

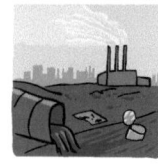

تلوث البيئة

забруджванне навакольнага асяроддзя

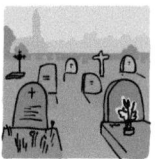

مقبرة

могілкі

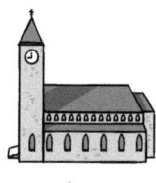

كنيسة

царква

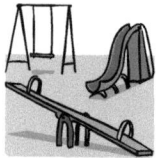

ملعب الأطفال

пляцоўка для гульні

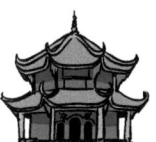

معبد

храм

طبيعة ريفية

краявід

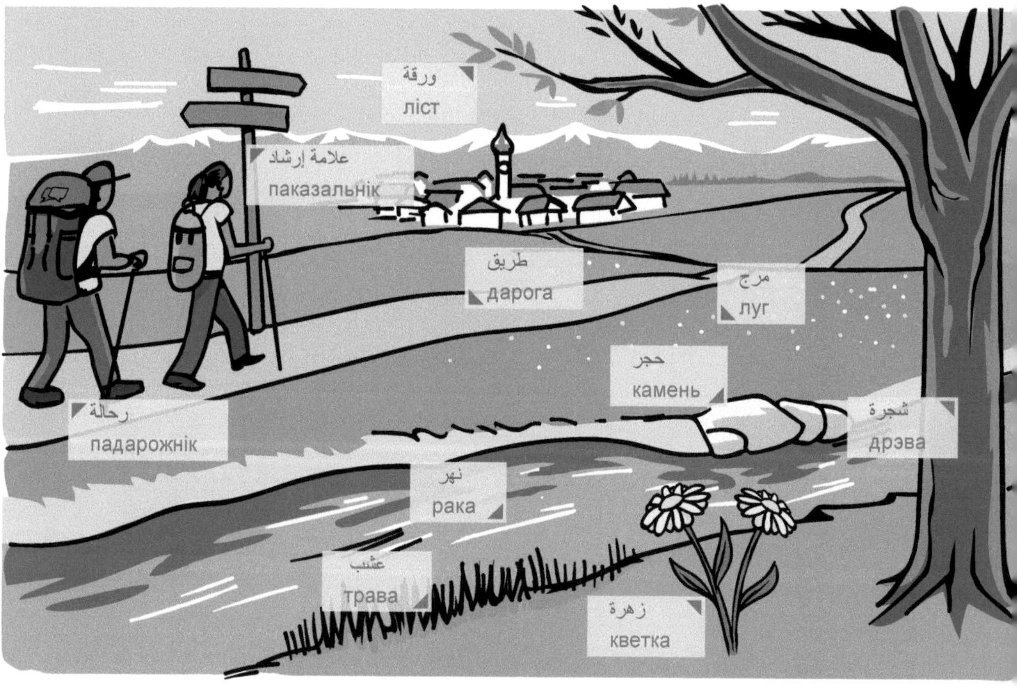

ورقة
ліст
علامة إرشاد
паказальнік
طريق
дарога
مرج
луг
حجر
камень
رحالة
падарожнік
شجرة
дрэва
نهر
рака
عشب
трава
زهرة
кветка

وادٍ

داліна

جبل

гара

بحيرة

возера

غابة

лес

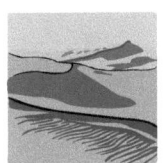

صحراء

пустыня

بركان

вулкан

قلعة

замак

قوس قزح

вясёлка

فطر

грыб

نخلة

пальма

بعوض

камар

ذبابة

муха

نملة

мурашка

نحلة

пчала

عنكبوت

павук

خنفساء

жук

ضفدعة

жаба

سنجاب

вавёрка

قنفذ

вожык

أرنب

заяц

بومة

сава

عصفور

птушка

بجعة

лебедзь

خنزير برّي

дзік

غزال

алень

إلكة

лось

سد

плаціна

دولاب الطاحونة الهوائية

вятрак

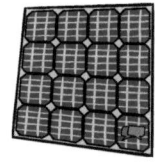

خلية شمسية

сонечная батарэя

مناخ

клімат

مطعم
рэстаран

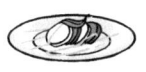

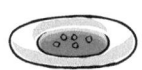

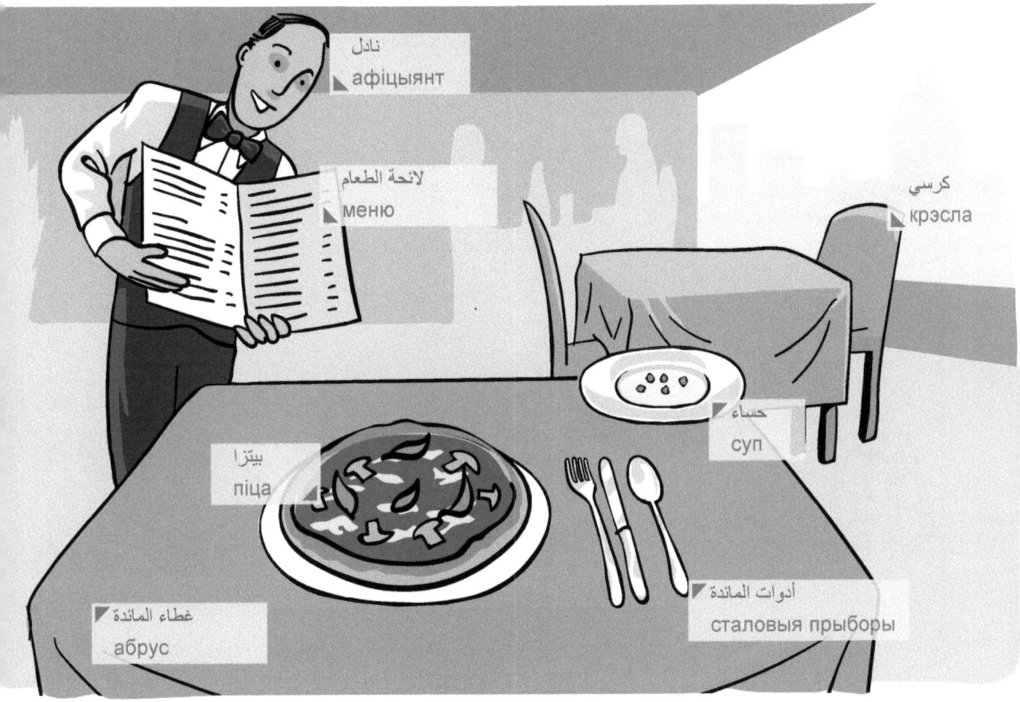

نادل
афіцыянт
لائحة الطعام
меню
كرسي
крэсла
حساء
суп
بيتزا
піца
أدوات المائدة
сталовыя прыборы
غطاء المائدة
абрус

مقبلات

закуска

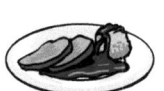

الصحن الرئيسي

другая страва

حلوى أو فاكهة بعد الطعام

дэсерт

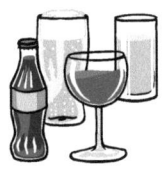

مشروبات

напоі

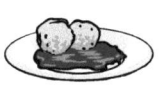

طعام

ежа

زجاجة

бутэлька

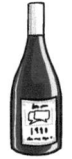

وجبات سريعة

هуткае харчаванне (фаст-
фуд)

طعام الشارع

стрыт-фуд

إبريق الشاي

імбрык (чайнік)

علبة السكر

цукарніца

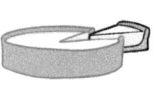

حصّة

порцыя

آلة الإسبريسو

эспрэса-машына

كرسي عالٍ

дзіцячае крэселка

فاتورة

рахунак

صينية

паднос

سكين

нож

شوكة

відэлец

ملعقة

лыжка

ملعقة الشاي

чайная лыжка

منديل المائدة

сурвэтка

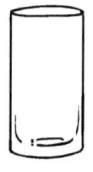

كأس

шклянка

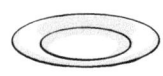

صحن

талерка

صحن الحساء

супавая талерка

صحن الفنجان

сподак

صلصة

соус

مملحة

сальніца

مطحنة الفلفل

млынок для перцу

خلّ

воцат

زيت الطعام

алей

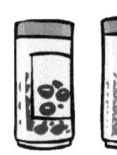

توابل

спецыі

كتشاب

кетчуп

خردل

гарчыца

مايونيز

маянэз

مطعم - рэстаран

سوبرماركت

супермаркет

عرض خاص
акцыя
FOR
زبون
пакупнік
مشتقات الحليب
малочныя прадукты
فواكه
садавіна
عربة تسوّق
вазок

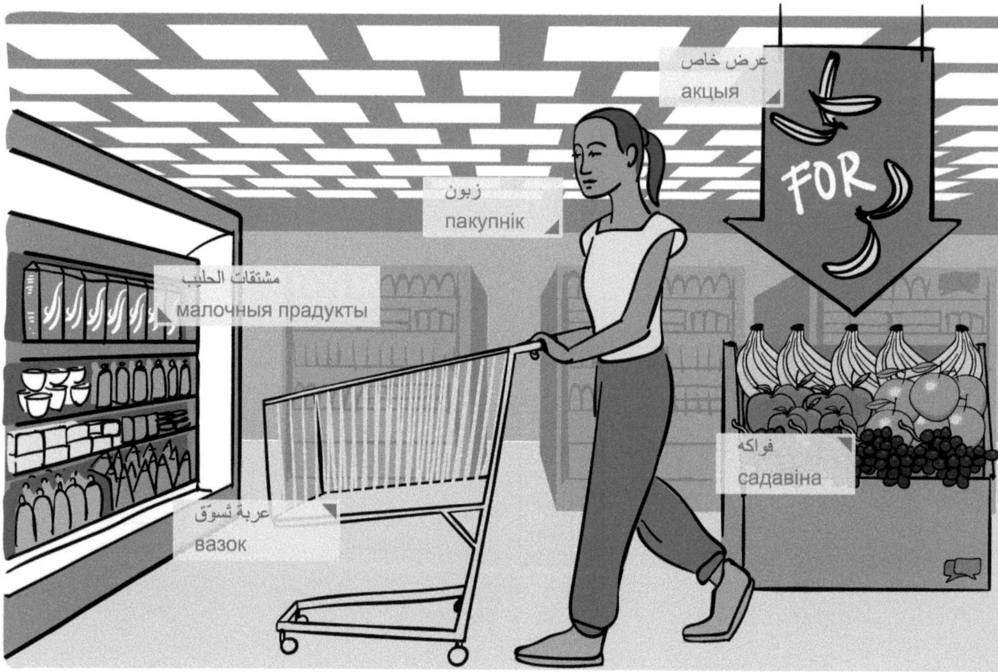

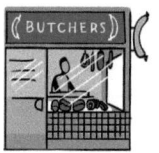

BUTCHERS

جزّار
....
мясная крама

BAKERY

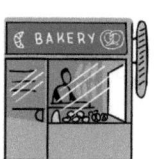

مخبز
....
хлебны магазін

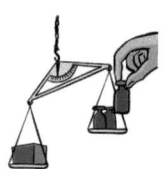

يزن
....
важыць

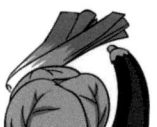

خضار
....
гароднiна

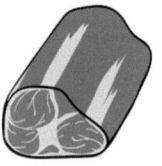

لحم
....
мяса

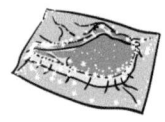

المأكولات المجمّدة
....
свежазамарожаныя прадукты

مرتدلا أو جبن

نарэзка

معلبات

кансервы

مسحوق الغسيل

пральны парашок

حلويات

прысмакі

المواد المنزلية

хатнія прылады

منظفات

чысцячы сродак

بائعة

прадавец

صندوق الحساب

каса

أمين صندوق

касір

قائمة المشتريات

спіс пакупак

أوقات العمل

гадзіны працы

محفظة النقود

бумажнік

بطاقة انتمان

крэдытная картка

حقيبة

сумка

كيس بلاستيكي

пакет

ماء

вада

عصير

сок

حليب

малако

كولا

кола

نبيذ

віно

بيرة

піва

كحول

алкаголь

كاكاو

какава

شاي

гарбата (чай)

قهوة

кава

قهوة إسبريسو

эспрэса

كابوتشينو

капучына

موزة

банан

تفاح

яблык

برتقال

апельсін

بطيخ

дыня

ليمون

лімон

جزرة

морква

ثوم

часнок

خيزران

бамбук

بصل

цыбуля

فطر

грыб

لوزيات

арэхі

شعيرية

локшына

سباغيتي

спагеці

أرزّ

рыс

سلطة

салата

بطاطا مقلية

бульба фры

بطاطا مقلية

смажаная бульба

بيتزا

піца

هامبورغر

гамбургер

ساندويش

бутэрброд

شريحة لحم مقلية

шніцаль

لحم خنزير

вяндліна

سلامي

салямі

سجق

каўбаса

دجاج

курыца

لحم محمر

смажаніна

سمك

рыбак

دقيق الشوفان

اўсяныя камякі

موسلي

мюслі

كورن فلكس

кукурузныя шматкі

طحين

мука

كرواسان

круасан

خبز صغير

булачка

خبز

хлеб

خبز محمص

тост

بسكويت

пячэнне

زبدة

масла

لبن زبادي

тварог

كعكة

пірог

بيضة

яйка

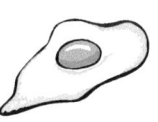

بيض مقلي

яечня

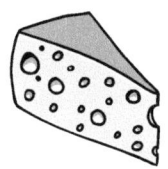

جبنة

сыр

مثلجات

марожанае

سكر

цукар

عسل

мёд

مربّى الفاكهة

варэнне

كريم النوغا

нуга

الكاري

кары

مزرعة

сядзіба

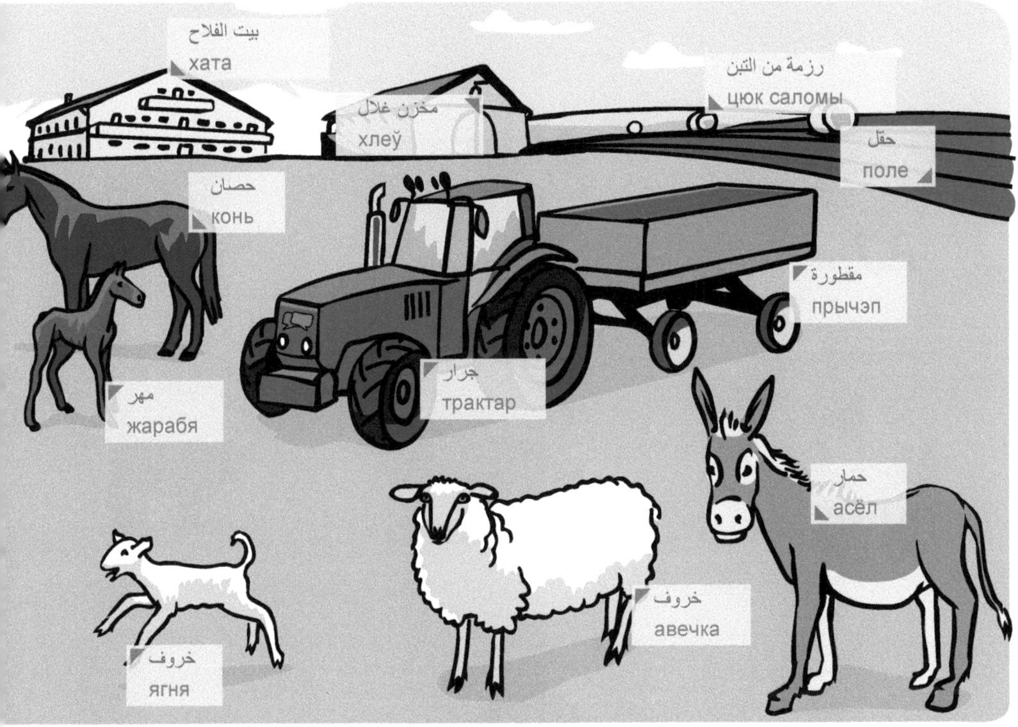
بيت الفلاح
хата
مخزن غلال
хлеў
رزمة من التبن
цюк саломы
حقل
поле
حصان
конь
مقطورة
прычэп
جرار
трактар
مهر
жарабя
حمار
асёл
خروف
авечка
خروف
ягня

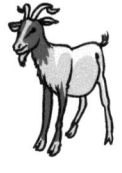

ماعز

каза

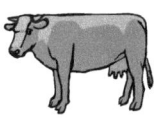

بقرة

карова

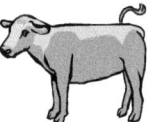

عجل

цяля

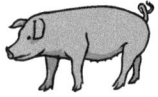

خنزير

свіння

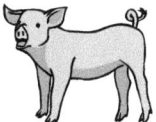

خنزير صغير

парася

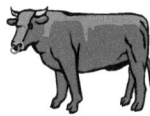

ثور

бык

إوزّة
....
гусак

بطة
....
качка

صوص
....
кураня

دجاجة
....
курыца

ديك
....
певень

جرذ
....
пацук

قطّة
....
кот

فأر
....
мыш

ثور
....
вол

كلب
....
сабака

كوخ الكلب
....
сабачая будка

خرطوم الحديقة
....
садовы шланг

إبريق
....
палівачка

منجل
....
каса

المحراث
....
плуг

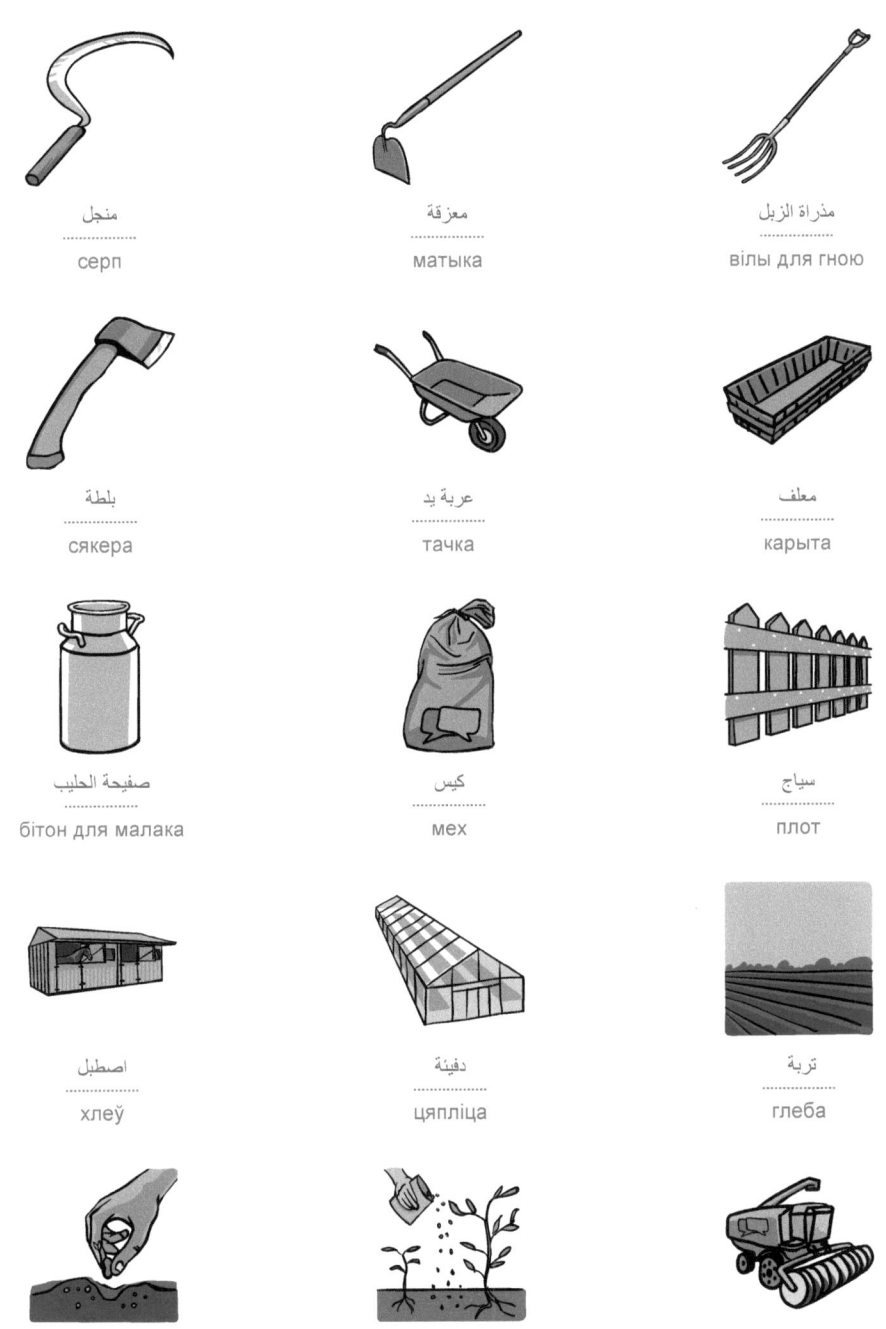

منجل

серп

معزقة

матыка

مذراة الزبل

вілы для гною

بلطة

сякера

عربة يد

тачка

معلف

карыта

صفيحة الحليب

бітон для малака

كيس

мех

سياج

плот

اصطبل

хлеў

دفينة

цяпліца

تربة

глеба

بذور

насенне

سماد

угнаенне

حصّادة درّاسة

камбайн

يحصد

збіраць ураджай

محصول

ураджай

بطاطا يامس

ямс

قمح

пшаніца

صويا

соя

بطاطا

бульба

ذرة

кукуруза

سلجم

рапс

شجرة فاكهة

садовае дрэва

نبات منيهوت

маніёк

الحبوب

збожжа

بيت

дом

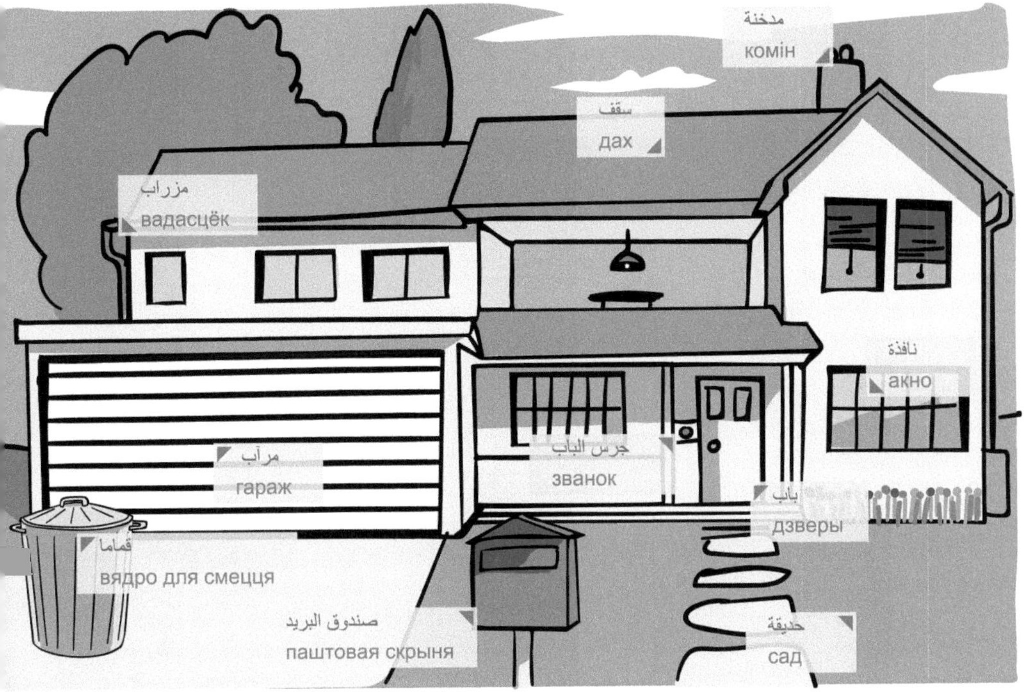

مدخنة
комін
سقف
дах
مزراب
вадасцёк
نافذة
акно
جرس الباب
званок
مرآب
гараж
باب
дзверы
قماما
вядро для смецця
صندوق البريد
паштовая скрыня
حديقة
сад

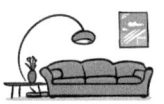

غرفة جلوس

жылы пакой

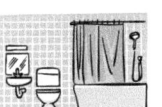

الحمّام

ванная

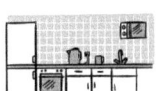

مطبخ

кухня

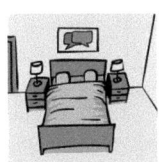

غرفة النوم

спальны пакой

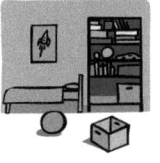

غرفة الأطفال

дзіцячы пакой

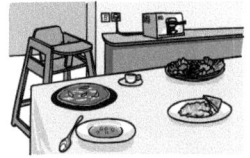

غرفة الطعام

сталоўка

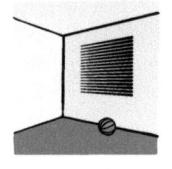

أرضية

падлога

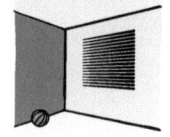

حائط

сцяна

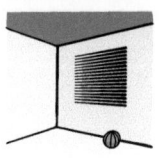

سقف

столь

قبو

падвал

ساونا

саўна

بلكون

балкон

شرفة

тэраса

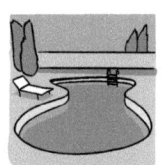

مسبح

басейн

جزّازة العشب

касілка

بياضات السرير

падкоўдранік

بطانية

коўдра

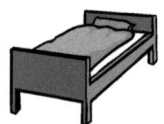

سرير

ложак

مكنسة

венік

سطل

вядро

مفتاح كهربائي

выключальнік

غرفة جلوس

жылы пакой

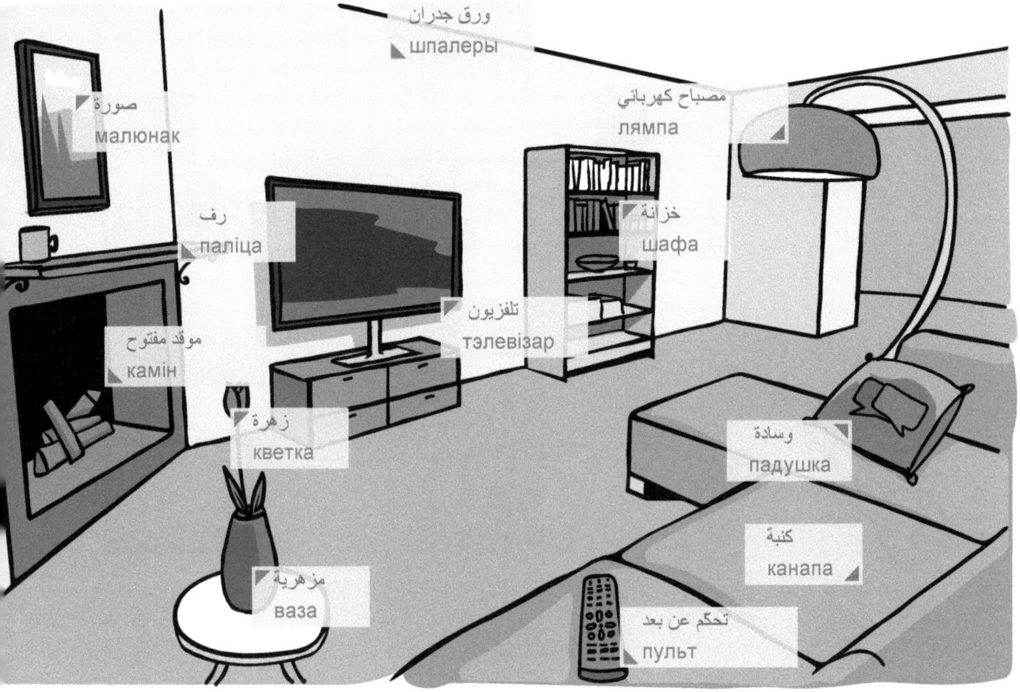

ورق جدران
шпалеры
صورة
малюнак
مصباح كهربائي
лямпа
رف
паліца
خزانة
шафа
تلفزيون
тэлевізар
موقد مفتوح
камін
زهرة
кветка
وسادة
падушка
كنبة
канапа
مزهرية
ваза
تحكم عن بعد
пульт

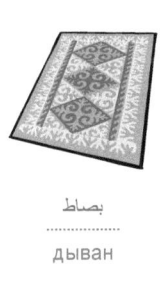

بصاط
дыван

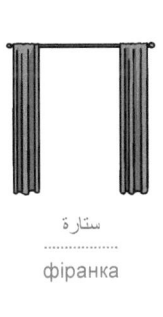

ستارة
фіранка

طاولة
стол

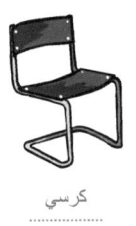

كرسي
крэсла

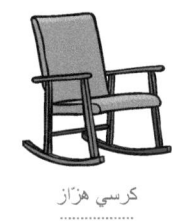

كرسي هزّاز
крэсла-качалка

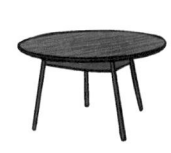

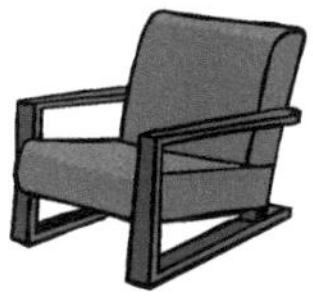

كرسي ذو ذراعين
крэсла

الكتاب

кніга

بطانية

коўдра

زخرفة

дэкарацыя

الحطب

дровы

فيلم

кіно

تجهيزات ستيريو

стэрэасістэма

مفتاح

ключ

جريدة

газета

لوحة مرسومة

карціна

مُلصق

постар

راديو

радыё

دفتر ملاحظات

нататнік

المكنسة الكهربائية

пыласос

صبّار

кактус

شمعة

свечка

مطبخ
кухня

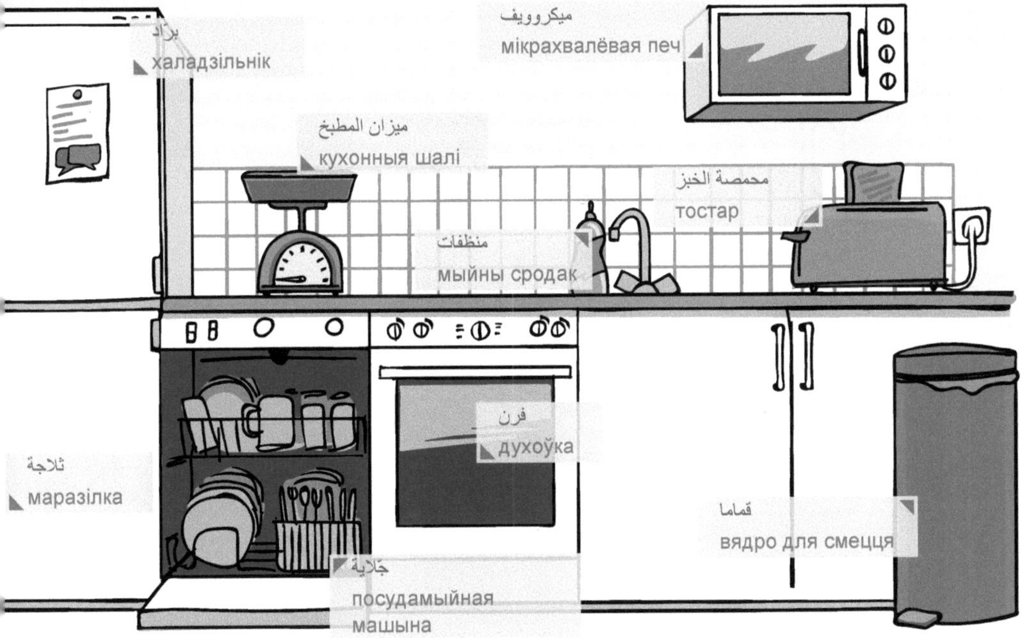

براد
халадзільнік
ميكروويف
мікрахвалёвая печ
ميزان المطبخ
кухонныя шалі
محمصة الخبز
тостар
منظفات
мыйны сродак
فرن
духоўка
ثلاجة
маразілка
قماما
вядро для смецця
جلاية
посудамыйная
машына

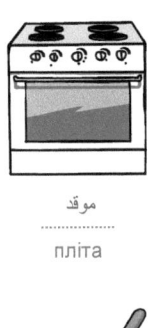

موقد
пліта

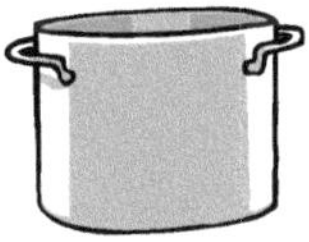
قدر
рондаль

وعاء من الحديد
чыгунок

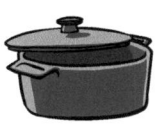

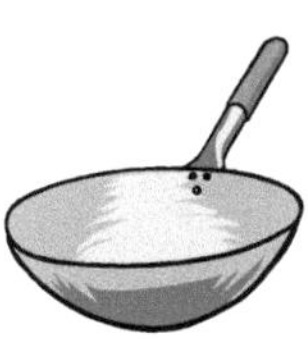
قدر صيني
Вок / кадаі

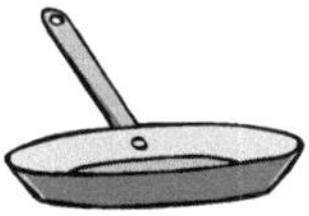
مقلاة
патэльня

غلاية
чайнік

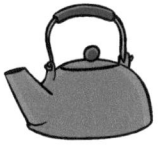

قدر البخار

параварка

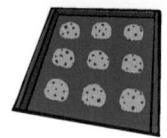

صينية

бляха

أواني

посуд

فنجان

кубак

صحن

міска

عيدان الأكل

палачкі для ежы

مغرفة

чарпак

ملعقة منبسطة

лапатачка

خفاقة

збівалка

مصفاة

сіта для варэння

مصفاة

сіта

مبشرة

тарка

هاون

ступка

شواء

грыль

موقد

вогнішча

لوح التقطيع

дошка

نشّابة

качалка

مفتاح الزجاجات

штопар

علبة

бляшанка

مفتاح العلب المعدنية

адкрывалка

قماش الفرن

прыхваткі

مجلى

ракавіна

فرشاة

шчотка

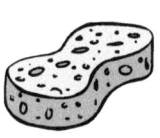

إسفنج

губка

خلاط

міксер

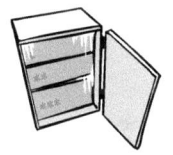

مجمّدة

маразільная камера

زجاجة الطفل

бутэлечка

صنبور الماء

вадаправодны кран

الحمّام

ванная

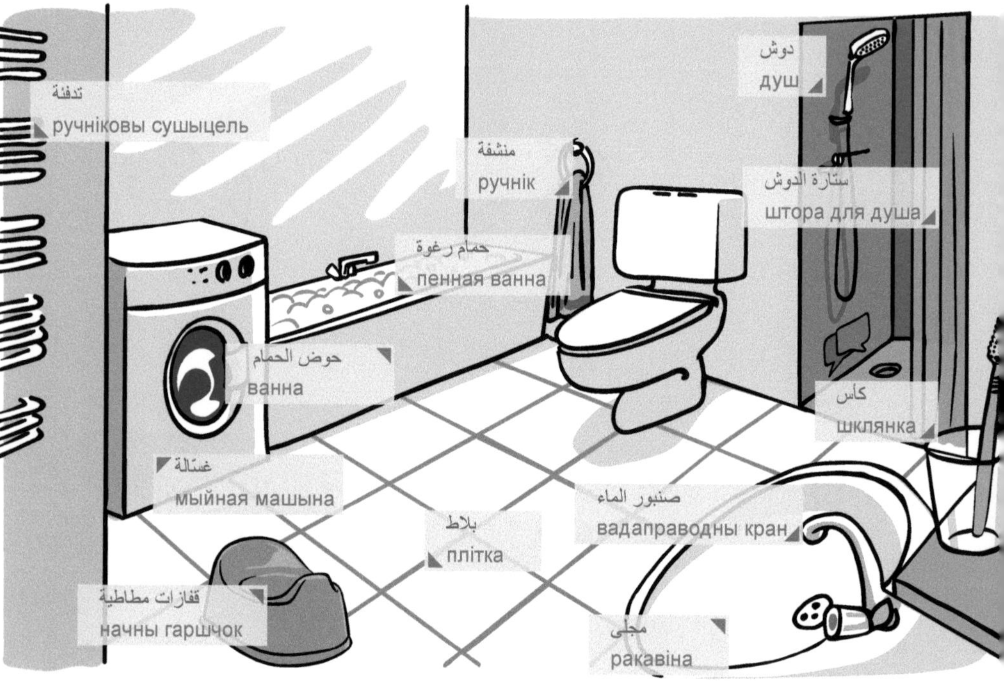

تدفئة
ручніковы сушыцель
منشفة
ручнік
دوش
душ
ستارة الدوش
штора для душа
حمام رغوة
пенная ванна
حوض الحمام
ванна
غسّالة
мыйная машына
كأس
шклянка
صنبور الماء
вадаправодны кран
بلاط
плітка
قفازات مطاطية
начны гаршчок
مجلى
ракавіна

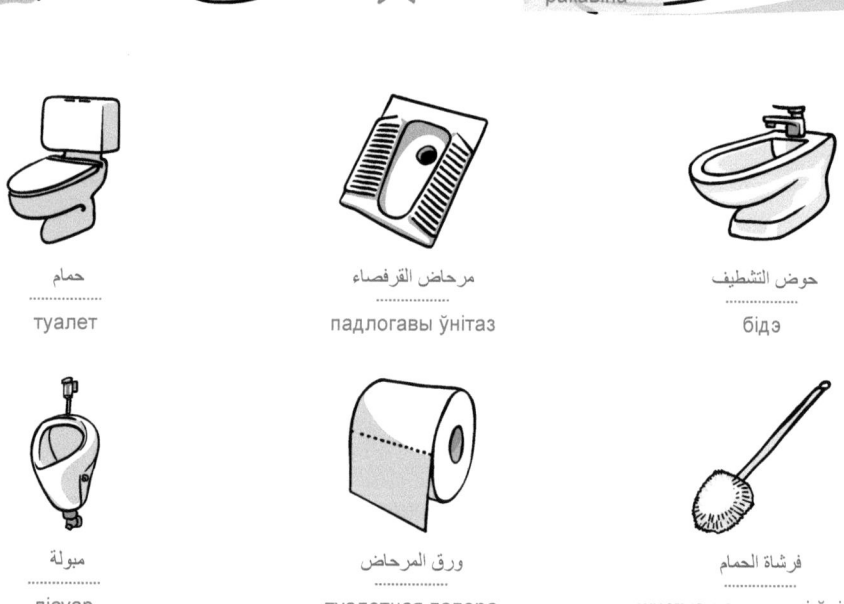

حمام

туалет

مرحاض القرفصاء

падлогавы ўнітаз

حوض التشطيف

бідэ

مبولة

пісуар

ورق المرحاض

туалетная папера

فرشاة الحمام

шчотка для чысткі ўнітаза

فرشاة الأسنان

زубная шчотка

معجون الأسنان

зубная паста

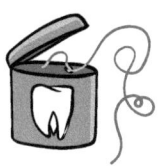

خيط حرير لتنظيف الأسنان

зубная нітка

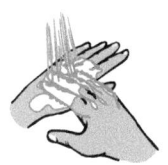

يغسل

мыць

رشاش ماء يدوي

ручны душ

شطاف

інтымны душ

حوض الغسيل

умывальнік

فرشاة الظهر

шчотка для спіны

صابون

мыла

جيل الدوش

гель для душа

شامبو

шампунь

ممسحة

вяхотка

مصرف للماء

вадасцёк

مرهم

крэм

مزيل الروائح

дэзадарант

مرآة

люстэрка

مرآة يد

касметычнае люстэрка

موس حلاقة

станок для галення

رغوة الحلاقة

пена для галення

كولونيا

ласьён пасля галення

مشط

грэбень

فرشاة

шчотка

سشوار

фен

مثبّت للشعر

лак для валасоў

ماكياج

касметыка

روج

памада

طلاء أظافر

лак для пазногцяў

قطن

вата

مقص أظافر

манікюрныя нажніцы

عطر

духі

سلة الغسيل

касметычка

مقعد صغير

табурэтка

ميزان

вагі

معطف الحمام

лазневы халат

قفازات مطاطية

санітарныя пальчаткі

سدادة قطنية

тампон

منشفة صحية

гігіенічныя пракладкі

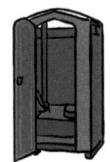

تواليت كيميائية

біятуалет

غرفة الأطفال

дзіцячы пакой

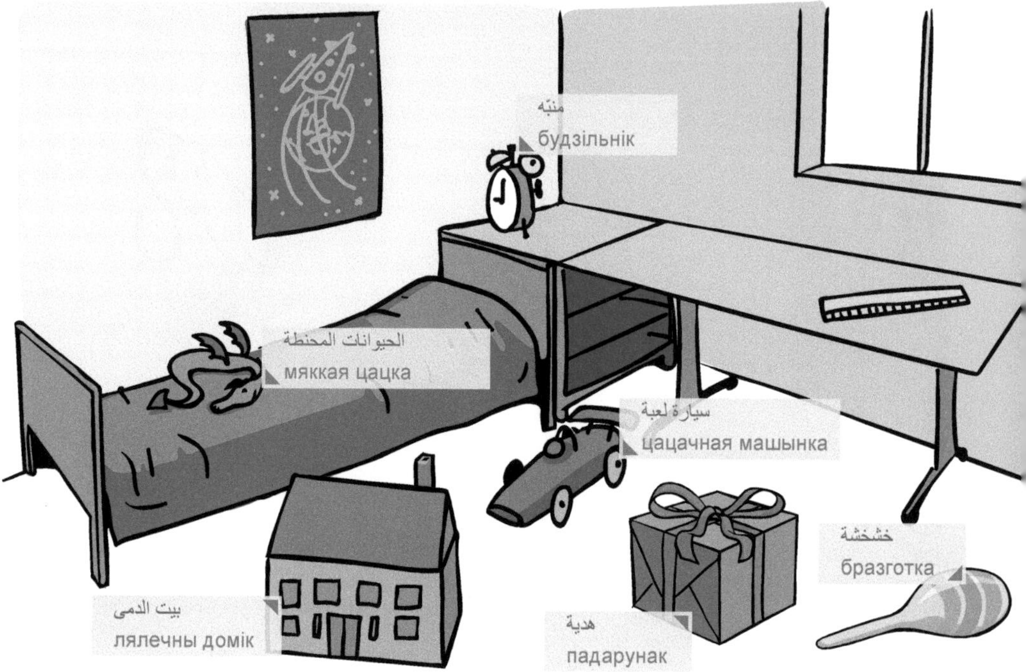

منبّه
будзільнік
الحيوانات المحنطة
мяккая цацка
سيارة لعبة
цацачная машынка
خشخشة
бразготка
بيت الدمى
лялечны домік
هدية
падарунак

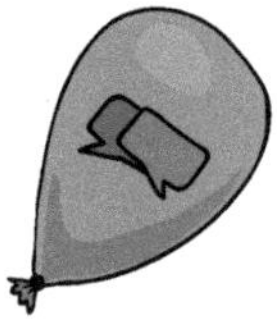

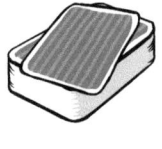

بالون
....
надзіманы шарык

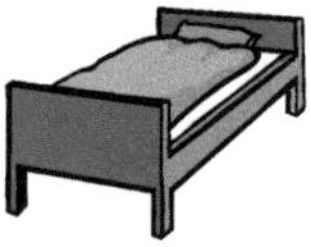

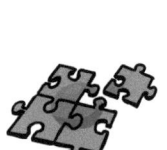

سرير
....
ложак

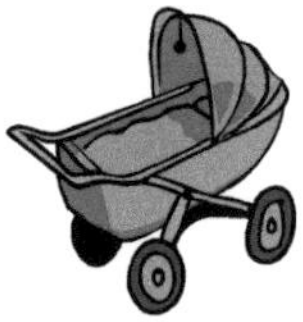

عربة الأطفال
....
дзіцячая каляска

لعبة الورق
....
калода картаў

أحجية
....
пазл

SUPER
MEGA

رسوم هزلية
....
комікс

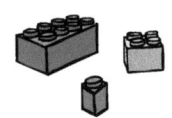

أحجار الليغو
....
канструктар "Лега"

حجارة تركيب
....
канструктар

دمية بطل
....
экшэн-фігурка

لباس الطفل
....
дзіцячы гарнітур

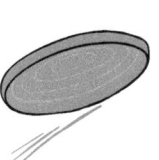

فريسبي
....
фрызбі

دمية معلّقة
....
дзіцячы мабіль

لعبة الطاولة
....
настольная гульня

لعبة النرد
....
кубік

لعبة قطار
....
дзіцячая чыгунка

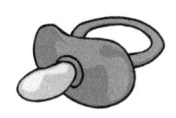

مصّاصة
....
пустышка

حفلة
....
дзіцячае свята

كتاب مصوّر
....
кніга з малюнкамі

كرة
....
мячык

دمية
....
лялька

يلعب
....
гуляцца

ملعب رملي للأطفال

пясочніца

أرجوحة

арэлі

لعبة

цацкі

ألعاب فيديو

гульнявая відэа прыстаўка

دراجة ثلاثية

трохколавы ровар

دمية على شكل الدب

плюшавы мішка

خزانة الثياب

шафа

جوارب قصيرة

шкарпэткі

جوارب طويلة

панчохі

جورب بنطلون

калготкі

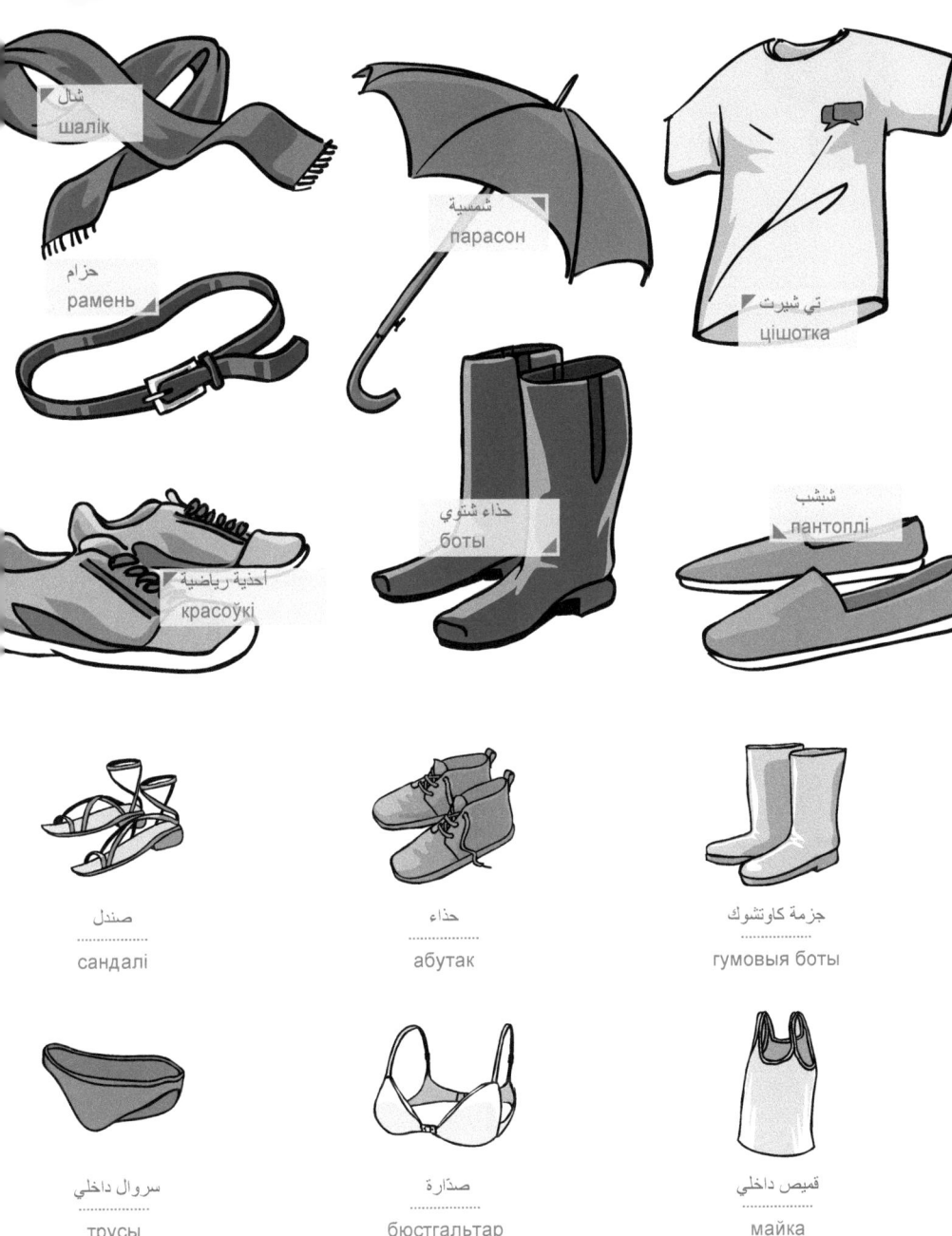

شال
шалік

شمسية
парасон

تي شيرت
цішотка

حزام
рамень

حذاء شتوي
боты

شبشب
пантоплі

أحذية رياضية
красоўкі

صندل
сандалі

حذاء
абутак

جزمة كاوتشوك
гумовыя боты

سروال داخلي
трусы

صدّارة
бюстгальтар

قميص داخلي
майка

لباس ملاصق للجسم

بодзі

بنطلون

штаны

جينز

джынсы

تنورة

спадніца

بلوزة

блузка

قميص

кашуля

سترة قطنية

джэмпер

كنزة كم طويل

талстоўка

سترة فضفاضة

блэйзер

سترة

куртка

معطف

паліто

معطف مطري

дажджавік

زي - طقم نسائي

касцюм

ثوب

сукенка

ثوب الزفاف

вясельная сукенка

طقّم

касцюм

قميص نوم

начная сарочка

بيجاما

піжама

ساري

сары

حجاب

хустка

عمامة

цюрбан

برقع

паранджа

قفطان

каптан

عباءة

Абая

مايوه

купальнік

سروال سباحة

плаўкі

شرت

шорты

بدلة رياضية

спартыўны касцюм

مئزر

фартух

قفازات

пальчаткі

زُر

گوزِك

نظّارة

акуляры

إسوارة

бранзалет

عِقْد

каралі

خاتِم

кальцо

قُرْط

завушніца

طاقِيّة

кепка

علاقة ثِياب

вешалка

قُبّعة

капялюш

ربطة العُنق

гальштук

سحّاب

маланка

خوذة

шлем

حمّالة البنطلون

падцяжкі

اللِّباس المدرسي

школьная форма

زيّ موحّد

уніформа

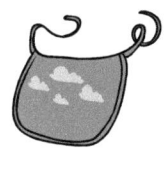

مريلة الأطفال

....

нагруднік

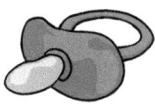

مصّاصة

....

пустышка

لفافة

....

падгузнік

مكتب

офіс

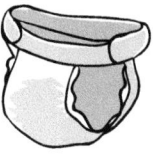

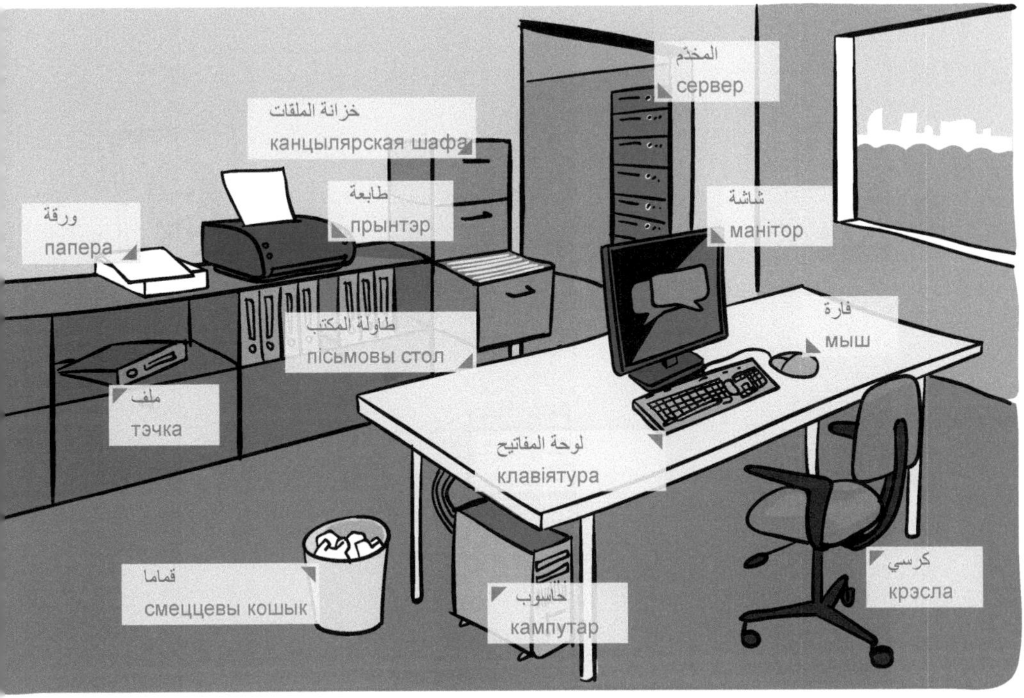

المخدّم
сервер
خزانة الملفات
канцылярская шафа
طابعة
прынтэр
ورقة
папера
شاشة
манітор
فارة
мыш
طاولة المكتب
пісьмовы стол
ملف
тэчка
لوحة المفاتيح
клавіятура
قماما
смеццевы кошык
حاسوب
кампутар
كرسي
крэсла

كأس من القهوة

....

кубак для кавы (філіжанка)

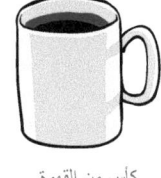

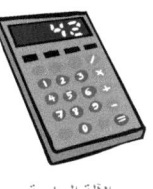

الآلة الحاسبة

....

калькулятар

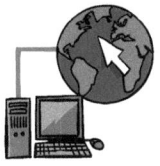

الإنترنت

....

інтэрнэт

الحاسوب المحمول

ноўтбук

رسالة

ліст

خبر

паведамленне

الهاتف المحمول

мабільны тэлефон

شبكة

сетка

جهاز تصوير

ксеракс

البرمجيات

праграмнае забеспячэнне

هاتف

тэлефон

مقبس كهربائي

разетка

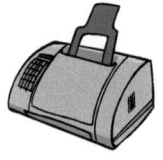

فاكس

факс

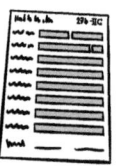

استمارة

фармуляр

وثيقة

дакумент

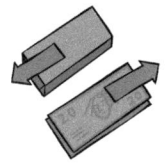

يِشْتَري

купляць

يِدْفع

плаціць

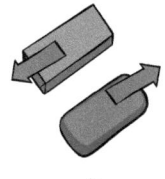

يتاجر

гандляваць

مال

грошы

دولار

долар

يورو

еўра

ين

ена

روبل

рубель

فرنك سويسري

франк

يوان

кітайскі юань

روبية

рупія

صرّاف آلي

банкамат

مكتب صرافة

абменны пункт

ذهب

золата

فضة

срэбра

نفط

нафта

طاقة

энергія

سعر

цана

عقد

кантракт

ضريبة

падатак

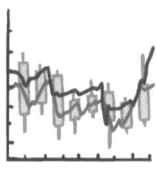

سهم

акцыя

يعمل

працаваць

موظف

служачы

رب العمل

працадаўца

مصنع

фабрыка

متجر

крама

المِهَن

прафесіі

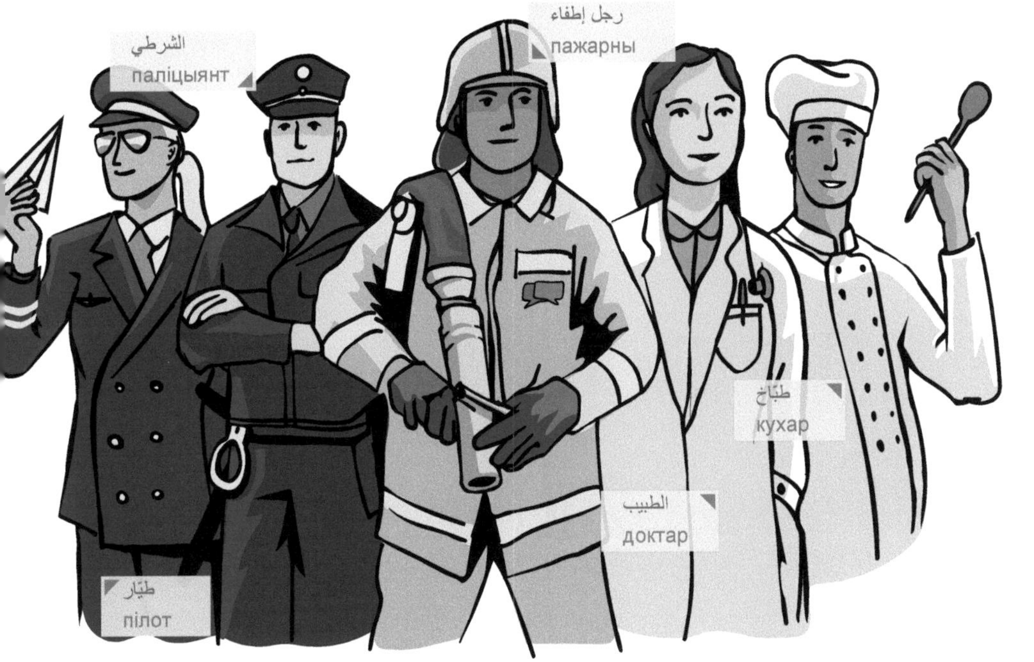

الشرطي
паліцыянт
رجل إطفاء
пажарны
طبّاخ
кухар
الطبيب
доктар
طيّار
пілот

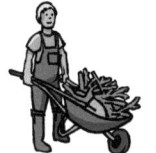

بستاني

садоўнік

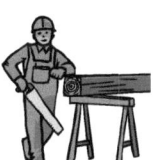

نجّار

слесар

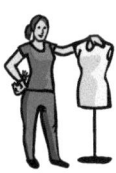

خيّاطة

швачка

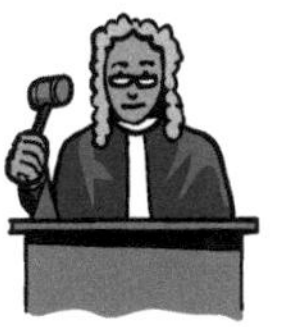

قاض

суддзя

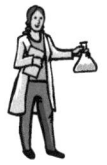

كيميائي

хімік

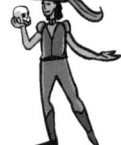

ممثل

артыст

سائق حافلة

кіроўца аўтобуса

سائق تاكسي

таксіст

صياد سمك

рыбак

أجيرة للتنظيف

прыбіральшчыца

بنّاء سقف

страхар

نادل

афіцыянт

صيّاد

паляўнічы

رسّام

мастак

خبّاز

пекар

كهربائي

электрык

عامل بناء

будаўнік

مهندس

інжынер

لحّام

мяснік

سمكري

сантэхнік

ساعي البريد

паштальён

جندي

салдат

مهندس معماري

архітэктар

أمين صندوق

касір

بائع الزهور

фларыст

حلاق

цырульнік

مراقب القطار

кандуктар

ميكانيكي

механік

قبطان

капітан

طبيب أسنان

стаматолаг

رجل العلم

вучоны

حاخام

рабін

إمام

імам

راهب

манах

كاهن

святар

عدة عمل

інструменты

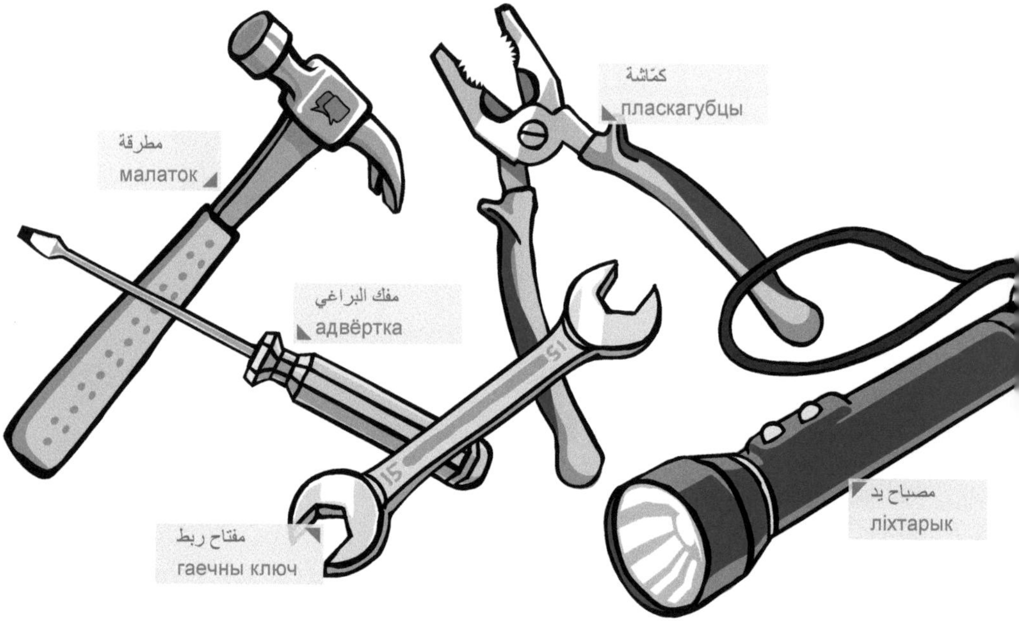
مطرقة
малаток
كمّاشة
пласкагубцы
مفك البراغي
адвёртка
مفتاح ربط
гаечны ключ
مصباح يد
ліхтарык

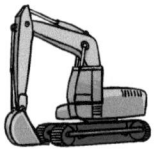

جرافة

экскаватар

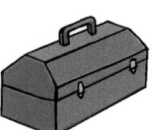

صندوق العدة

скрыня для інструментаў

سلّم

дравіны

منشار

піла

مسامير

цвікі

مثقب

дрыль

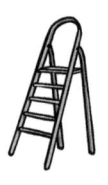

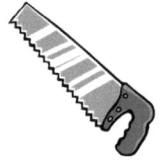

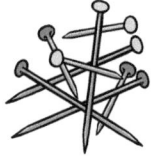

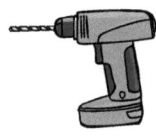

يصلح

рамантаваць

مجرفة

рыдлеўка

اللعنة

Халера!

لقاطة الكناسة

шуфлік для смецця

سطل الألوان

вядро з фарбаю

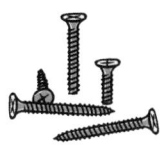

براغي

балты

آلات موسيقية

музычныя інструменты

آلات الإيقاع
ударны інструмент

مكبر الصوت
калонкі

غيتار
гітара

كمان أجهر
кантрабас

بوق
труба

بيانو

پيянina

كمنجة

скрыпка

جهير

басгітара

طبل كبير

літаўры

طبل

барабан

بيانو كهربائي

клавішны электрамузычны
інструмент

ساكسوفون

саксафон

ناي

флейта

ميكروفون

мікрафон

حديقة حيوانات

заапарк

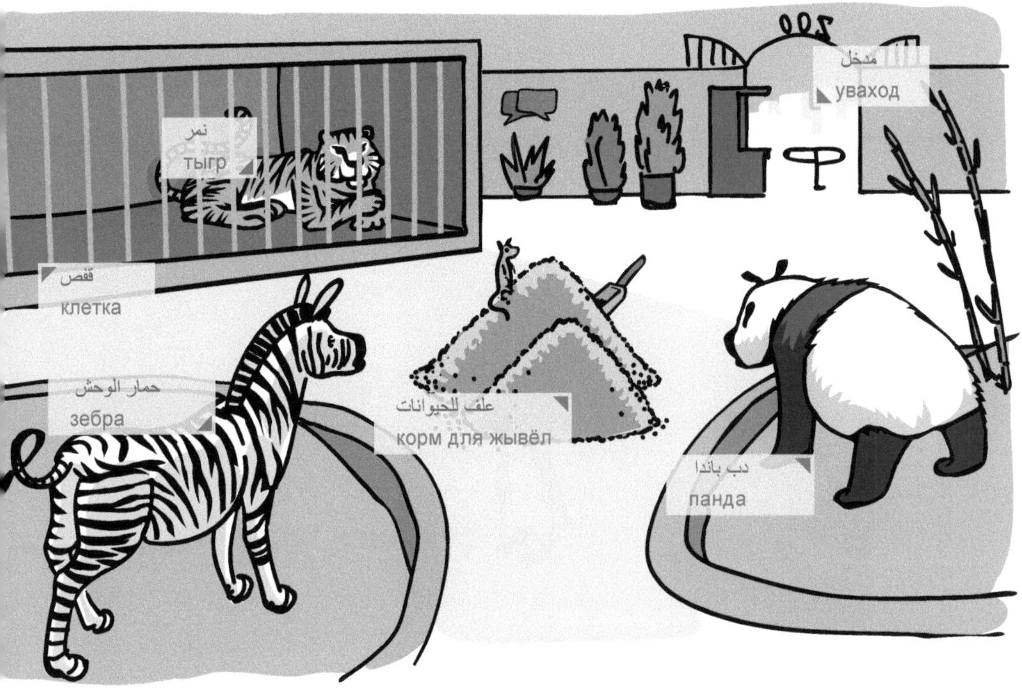

مدخل
уваход
نمر
тыгр
قفص
клетка
حمار الوحش
зебра
علف للحيوانات
корм для жывёл
دب باندا
панда

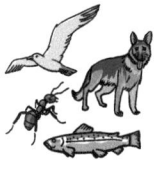

حيوانات

жывёлы

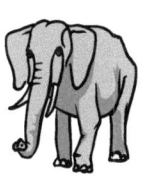

فيل

слон

كنغر

кенгуру

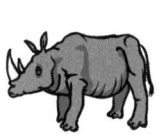

وحيد القرن

насарог

غوريلا

гарыла

دب

мядзведзь

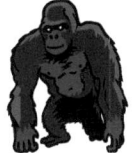

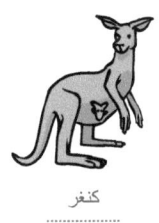

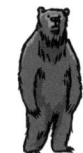

جمل

вярблюд

نعامة

стравус

أسد

леў

قرد

малпа

طائر فلامينغو

фламінга

بيغاء

папугай

دب قطبي

белы мядзведзь

بطريق

пінгвін

سمك القرش

акула

طاووس

паўлін

أفعى

змяя

تمساح

кракадзіл

حارس في حديقة الحيوان

наглядчык заапарка

عجل البحر

цюлень

نمر أمريكي مرقط

ягуар

مزق س رف
....
поні

نمر
....
леапард

فرس النهر
....
бегемот

زرافة
....
жыраф

نسر
....
арол

خنزير برّي
....
дзік

سمك
....
рыбак

سلحفاة
....
чарапаха

حيوان فظ البحري
....
морж

ثعلب
....
ліса

غزال
....
газель

كرة القدم الأمريكية
امерыканскі футбол

ركوب الدراجات
веласпорт

كرة التنس
тэніс

كرة السلة
баскетбол

السباحة
плаванне

الملاكمة
бокс

هوكي الجليد
хакей з шайбай

كرة القدم
футбол

الريشة الطائرة
бадмінтон

ألعاب القوى الخفيفة
лёгкая атлетыка

كرة اليد
гандбол

التزلج على الثلج
горныя лыжы

بولو
пола

يقفز
скакаць

يعانق
абдымаць

يضحك
смяяцца

يمشي
ісці

يغني
спяваць

يصلّي
маліцца

يقبّل
цалаваць

يحلم
марыць

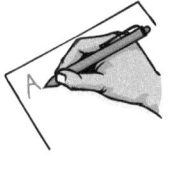

يكتب
....
пісаць

يرسم
....
маляваць

يُري
....
паказваць

يدفع
....
націснуць

يعطي
....
даваць

يأخذ
....
браць

يملك

مаць

يعمل

выконваць

يوجد

быць

يقف

стаяць

يركض

бегчы

يسحب

цягнуць

يرمي

кідаць

يقع

падаць

يستلقي

ляжаць

ينتظر

чакаць

يحمل

насіць

يجلس

сядзець

يلبس

апранацца

ينام

спаць

يستيقظ

прачынацца

ينظر إلى ..

глядзець

يبكي

плакаць

يمسّد

лашчыць

يمشّط

прычэсвацца

يتكلم

гаварыць

يفهم

разумець

يسأل

пытаць

يسمع

чуць

يشرب

піць

يأكل

есці

يرتّب

прыбіраць

يحب

кахаць

يطبخ

гатаваць

يقود

ехаць

يطير

лятаць

يبحر بزورق شراعي

плаваць пад ветразем

يحسب

лічыць

يقرأ

чытаць

يتعلم

вучыць

يعمل

працаваць

يتزوج

уступаць у шлюб

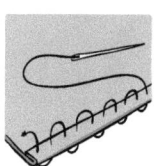

يخيط

шыць

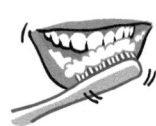

ينظف أسنانه

чысціць зубы

يقتل

забіваць

يدخّن

курыць

يرسل

пасылаць

جدّة
بابولя
бабуля

جدّ
дзядуля
дзядуля

أب
бацька
бацька

أم
маці
маці

الطفل
дзіця
дзіця

ابنة
дачка
дачка

ابن
сын
сын

ضيف

госць

عمّة / خالة

цётка

عمّ / خال

дзядзька

أخ

брат

أخت

сястра

الجسم

цела

الجبين
лоб
العين
вока
الكتف
плячо
الإصبع
палец
الوجه
твар
الذقن
падбародак
اليد
рука
الساق
нага
الصدر
грудзі
الذراع
рука

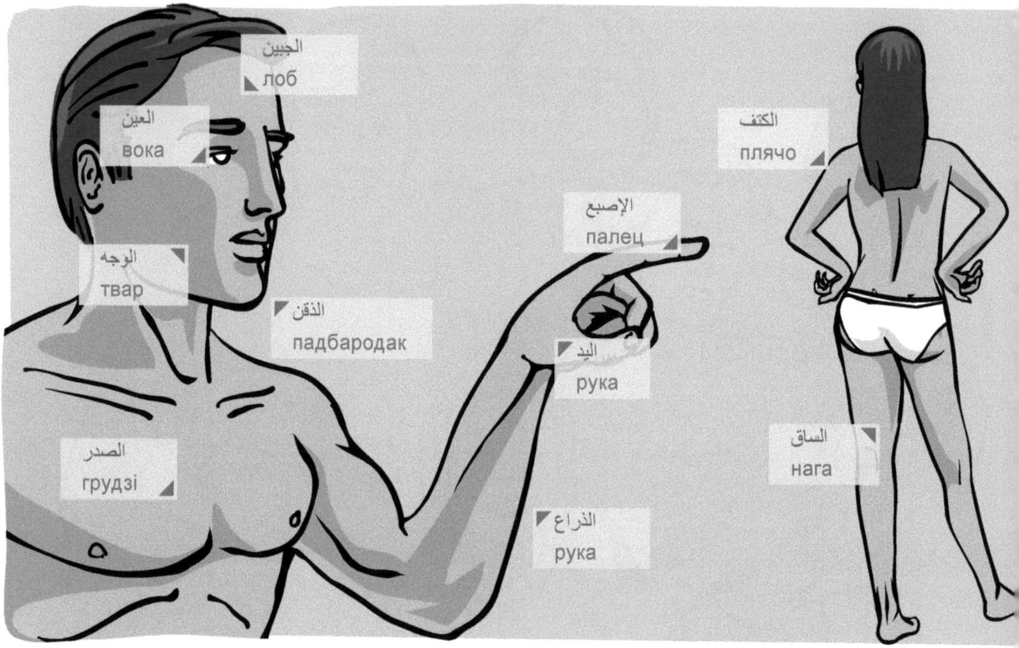

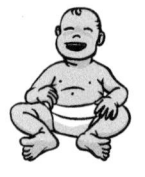

الطفل

дзіця

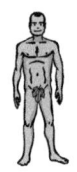

الرجل

мужчына

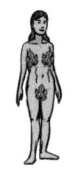

المرأة

жанчына

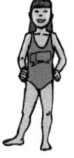

البنت

дзяўчынка

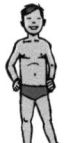

الولد

хлопчык

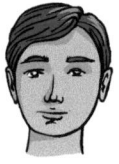

الرأس

галава

الظهر

спіна

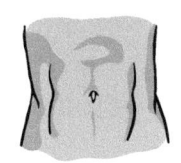

البطن

жывот

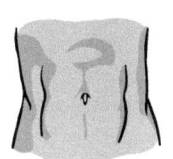

السرّة

пуп

إصبع القدم

палец нагі

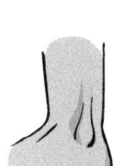

الكعب

пятка

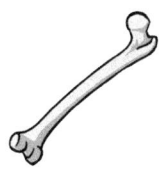

العظم

костка

الورك

бядро

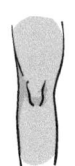

الركبة

калена

المرفق

локаць

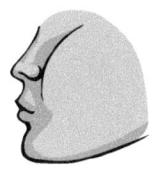

الأنف

нос

العَجُز

ягадзіца

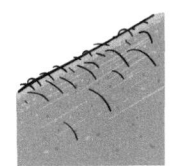

البشرة

скура

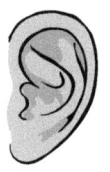

الخد

шчака

الأذن

вуха

الشفّة

губа

الفم

рот

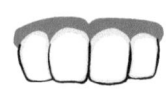

السن

зуб

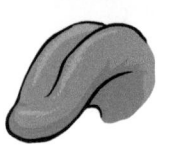

اللسان

язык

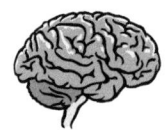

الدماغ

галаўны мозг

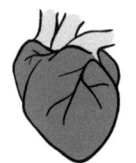

القلب

сэрца

العضلة

мышца

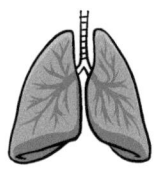

الرئة

лёгкае

الكبد

пячонка

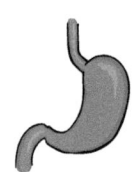

المعدة

страўнік

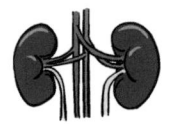

الكلى

ныркі

الاتصال الجنسي

сэкс

الواقي المطاطي

прэзерватыў

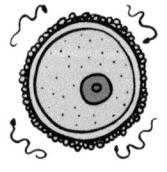

البويضة

яйцаклетка

المنيّ

сперма

الحمل

цяжарнасць

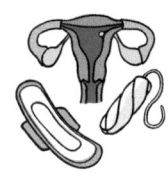

الحيض
....
менструацыя

المهبل
....
похва

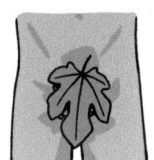

القضيب
....
пеніс

الحاجب
....
брыво

الشعر
....
валасы

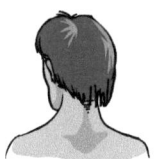

الرقبة
....
шыя

المستشفى

шпіталь

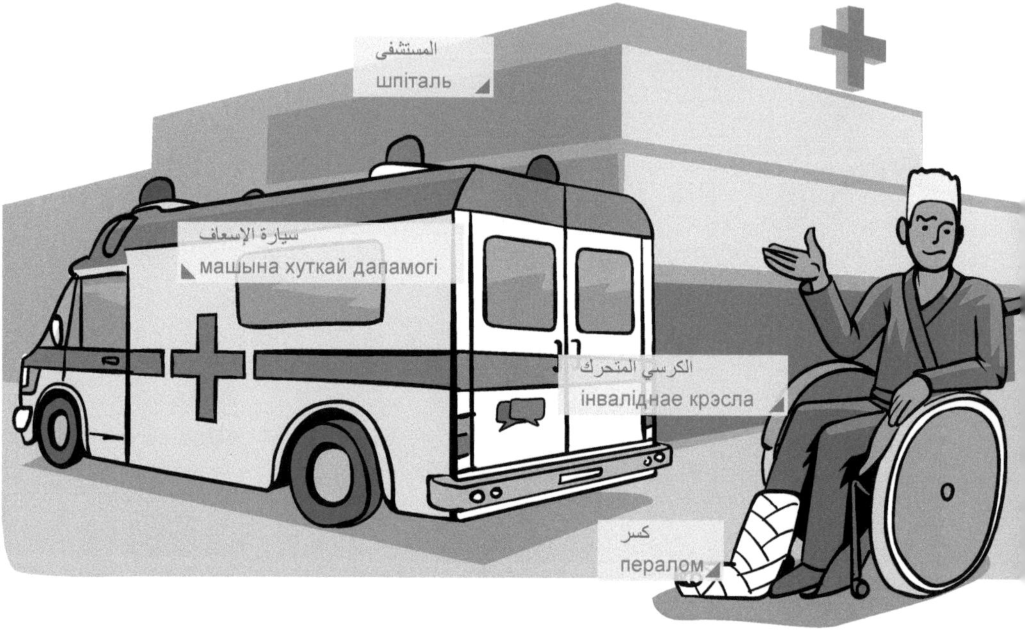

المستشفى
шпіталь

سيارة الإسعاف
машына хуткай дапамогі

الكرسي المتحرك
інваліднае крэсла

كسر
пералом

الطبيب
доктар

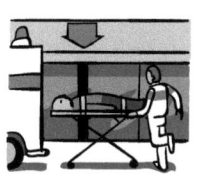

غرفة الإسعاف
аддзяленне першай
дапамогі

الممرضة
медсястра

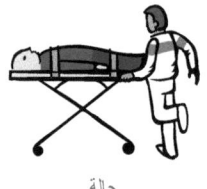

حالة
экстраная дапамога

مغمى عليه
непрытомны

الألم
боль

إصابة

траўма

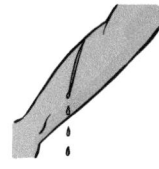

النزيف

крывацёк

احتَشاء القَلب

інфаркт

جَلطة

апаплексія

حسسية

алергія

السُعال

кашаль

الحُمّى

гарачка

إنفلونزا

грып

الإسهال

панос

وجع الرأس

галаўны боль

السَرطان

рак

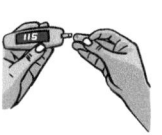

مرض السكر

дыябет

جرّاح

хірург

مبضع

скальпель

عملية

аперацыя

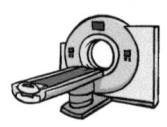

سيتي سكان

KT

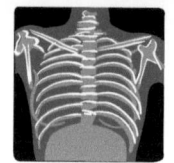

الأشعة السينية

рэнтген

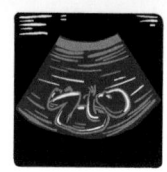

فوق الصوتي

ультрагук

القناع

маска

المرض

хвароба

غرفة الانتظار

пачакальня

العُكاز

мыліца

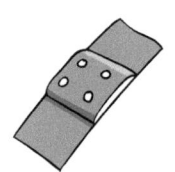

شريط لاصق

пластыр

ضماد

бінт

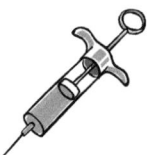

حقنة

ін'екцыя

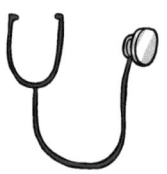

سمّاعة الطبيب

стэтаскоп

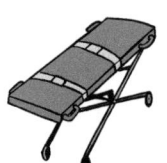

نقالة

насілкі

ميزان حرارة

градуснік

ولادة

нараджэнне

وزن زائد

лішняя вага

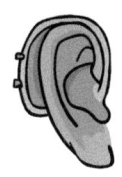

جهاز السمع

слухавы апарат

المواد المعقمة

дэзінфекцыйны сродак

عدوى

інфекцыя

فيروس

вірус

الإيدز

ВІЧ/СНІД

الطب

лекі

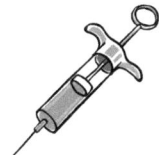

اللقاح

прышчэпка

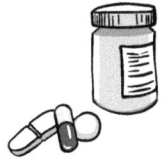

أقراص الدواء

таблеткі

حبّة الدواء

супрацьзачаткавая таблетка

نداء النجدة

экстраны выклік

مقياس ضغط الدم

танометр

مريض / صحيح

хворы / здаровы

النجدة!

Ратуйце!

إنذار

сігналізацыя

اعتداء

напад

هجوم

атака

خطر

небяспека

مخرج طوارئ

аварыйны выхад

حريق!

Пажар!

جهاز الإطفاء

вогнетушыцель

حادث

аварыя

حقيبة الإسعاف الأولي

аптэчка

أنقذونا

СОС

الشرطة

паліцыя

أوروبا

Еўропа

أمريكا الشمالية

Паўночная Амерыка

أمريكا الجنوبية

Паўднёвая Амерыка

أفريقيا

Афрыка

آسيا

Азія

أستراليا

Аўстралія

المحيط الأطلسي

Атлантычны акіян

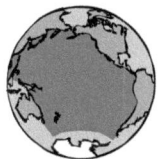

المحيط الهادي

Ціхі акіян

المحيط الهندي

Індыйскі акіян

المحيط المتجمد الجنوبي

Паўднёвы ледавіты акіян

المحيط المتجمد الشمالي

Паўночны ледавіты акіян

القطب الشمالي

Паўночны полюс

القطب الجنوبي
....
Паўднёвы полюс

منطقة القطب الجنوبي
....
Антарктыда

أرض
....
Зямля

بر
....
краіна

بحر
....
мора

جزيرة
....
востраў

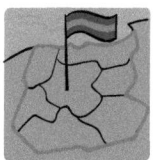

أمة
....
нацыя

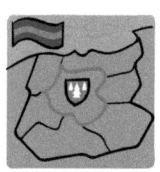

دولة
....
дзяржава

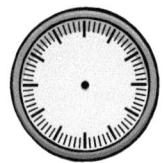

ميناء الساعة

цыферблат

عقرب الساعات

гадзінная стрэлка

عقرب الدقائق

хвілінная стрэлка

عقرب الثواني

секундная стрэлка

كم الساعة الآن؟

Колькі часу?

يوم

дзень

زمن

час

الآن

зараз

ساعة رقمية

электронны гадзіннік

دقيقة

хвіліна

ساعة

гадзіна

أسبوع

тыдзень

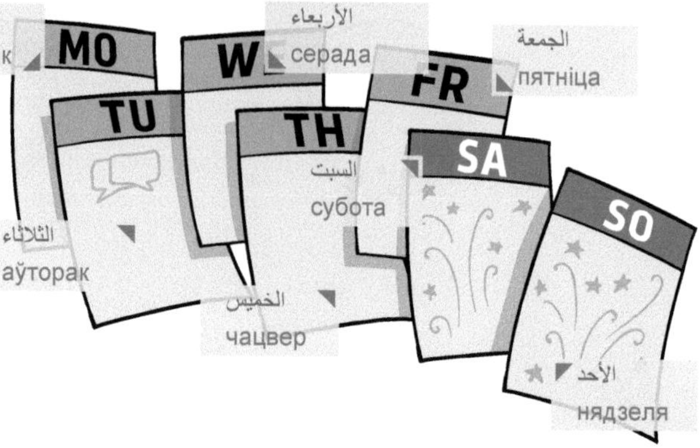
MO
TU
W
TH
FR
SA
SO

الإثنين
панядзелак

الثلاثاء
аўторак

الأربعاء
серада

الخميس
чацвер

الجمعة
пятніца

السبت
субота

الأحد
нядзеля

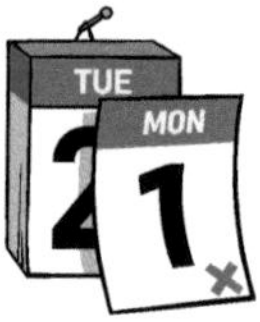
TUE
MON
2
1

الأمس
ўчора

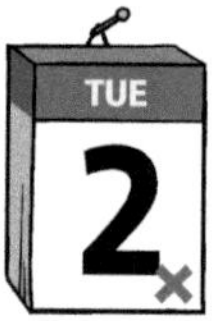
TUE
2

اليوم
сёння

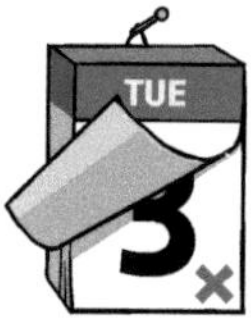
TUE
3

غداً
заўтра

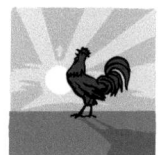

الصباح
раніца

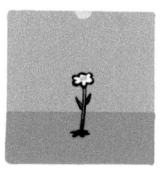

الظهر
абед

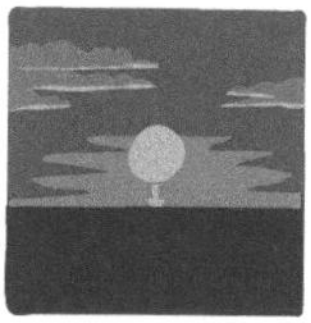

المساء
вечар

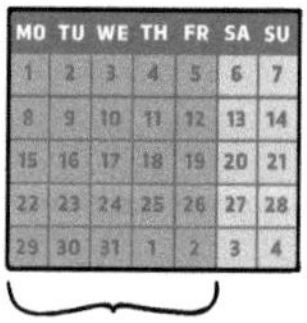
MO TU WE TH FR SA SU
1 2 3 4 5 6 7
8 9 10 11 12 13 14
15 16 17 18 19 20 21
22 23 24 25 26 27 28
29 30 31 1 2 3 4

أيام العمل
працоўныя дні

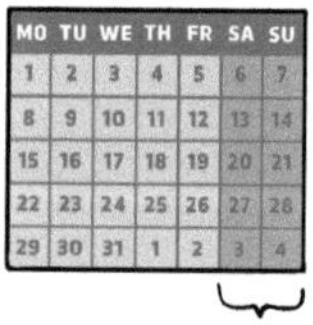
MO TU WE TH FR SA SU
1 2 3 4 5 6 7
8 9 10 11 12 13 14
15 16 17 18 19 20 21
22 23 24 25 26 27 28
29 30 31 1 2 3 4

نهاية الأسبوع
выхадныя

سنة

год

مطر
дождж
قوس قزح
вясёлка
ريح
вецер
ثلج
снег
الربيع
вясна
الصيف
лета
الخريف
восень
الشتاء
зіма

4.APRIL 11°
5.APRIL 4°
6.APRIL 13°
7.APRIL 8°
8.APRIL 10°

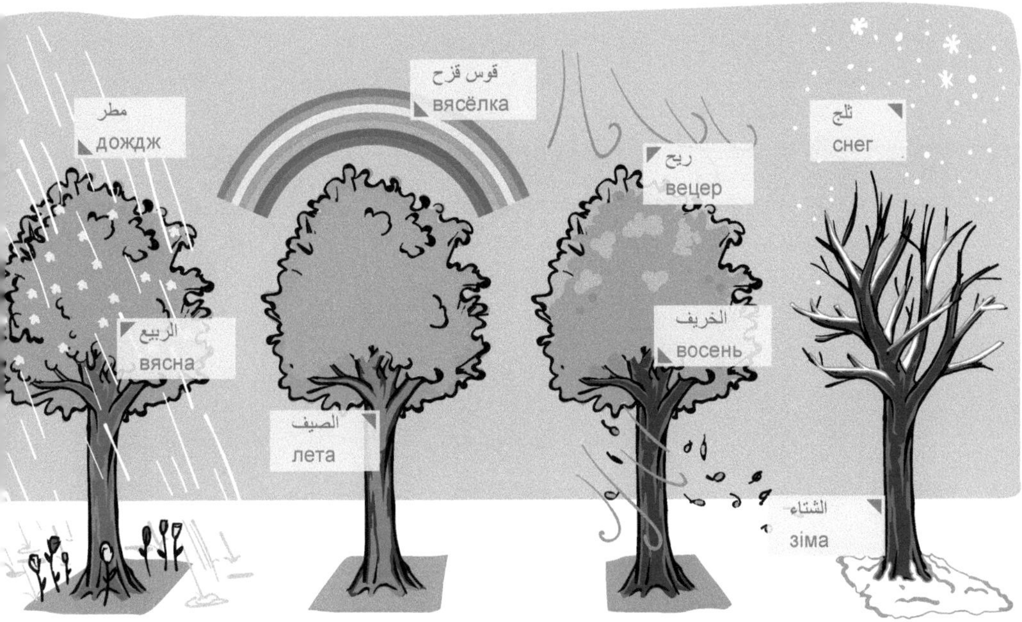

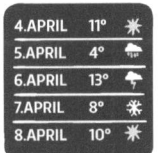

التنبّؤ بالحالة الجوية
....
прагноз надвор'я

F C
120 40
90 30
60 20
30 10
0 0
-30 -10
-20

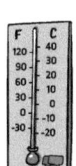

مقياس حرارة
....
градуснік

ضوء الشمس
....
сонечнае святло

سحابة
....
воблака

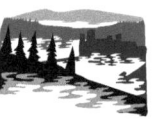

ضباب
....
туман

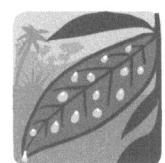

رطوبة الجو
....
вільготнасць паветра

برق

маланка

رعد

гром

عاصفة

бура

بَرَد

град

ريح موسمية

мусонны вецер

طوفان

прыліў

جليد

лёд

كانون الثاني / يناير

студзень

شباط / فبراير

люты

آذار / مارس

сакавік

نيسان / أبريل

красавік

أيار / مايو

май

حزيران / يونيو

чэрвень

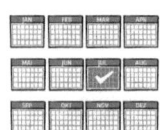

تموز / يوليو

ліпень

آب / أغسطس

жнівень

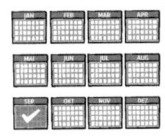

أيلول / سبتمبر
....
верасень

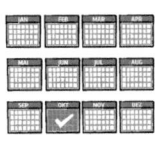

تشرين الأول / أكتوبر
....
кастрычнік

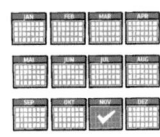

تشرين الثاني / نوفمبر
....
лістапад

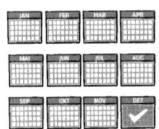

كانون الأول / ديسمبر
....
снежань

формы

دائرة
....
круг

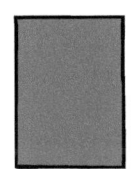

مربّع
....
квадрат

مستطيل
....
прамавугольнік

مثلث
....
трохвугольнік

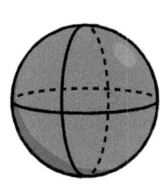

كرة
....
шар

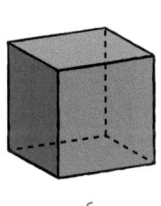

مكعب
....
куб

أبيض

белы

أصفر

жоўты

برتقالي

аранжавы

وردي

ружовы

أحمر

чырвоны

بنفسجي

фіялетавы

أزرق

сіні

أخضر

зялёны

بنّي

карычневы

رمادي

шэры

أسود

чорны

كثير / قليل

شمат / мала

غضبان / هادئ

злы / добры

جميل / قبيح

прыгожы / брыдкі

بداية / نهاية

пачатак / канец

كبير / صغير

высокі / малы

فاتح / قاتم

светлы / цёмны

أخ / أخت

сястра / брат

نظيف / وسخ

чысты / брудны

كامل / ناقص

поўны / няпоўны

نهار / ليل

дзень / ноч

ميّت / حيّ

мёртвы / жывы

عريض / ضيّق

шырокі / вузкі

صالح للأكل / غير صالح

ядомы / неядомы

شرّير / لطيف

злы / добры

مثير / ممل

узбуджаны / нудны

سمين / نحيف

тоўсты / тонкі

أولا / أخيراً

першы / апошні

صديق / عدو

сябар / вораг

مليء / فارغ

поўны / пусты

صلب / لين

цвёрды / мяккі

ثقيل / خفيف

важкі / лёгкі

جوع / عطش

голад / смага

مريض / صحيح

хворы / здаровы

غير شرعي / شرعي

нелегальны / легальны

ذكي / غبي

разумны / дурны

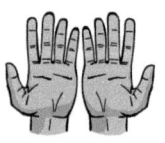

يسار / يمين

левы / правы

قريب / بعيد

побач / далёка

جديد / مستعمل

овы / былы ва ўжыванні

لا شيء / بعض الشيء

нічога / нешта

مسن / شاب

стары / малады

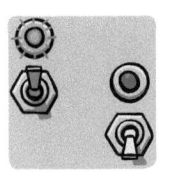

يشعل / يطفئ

укл / выкл

مفتوح / مغلق

адчынены / зачынены

خافت / عالٍ

ціхі / гучны

غني / فقير

багаты / бедны

صح / خطأ

правільна / няправільна

أحرش / أملس

шурпаты / гладкі

حزين / سعيد

сумны / шчаслівы

قصير / طويل

кароткі / доўгі

بطيء / سريع

павольны / хуткі

مبلول / جاف

вільготны / сухі

ساخن / بارد

цёплы / халаднаваты

حرب / سلم

вайна / мір

0

صفر

нуль

1

واحد

адзін

2

اثنان

два

3

ثلاثة

тры

4

أربعة

чатыры

5

خمسة

пяць

6

ستة

шэсць

7

سبعة

сем

8

ثمانية

восем

9

تسعة

дзевяць

10

عشرة

дзесяць

11

أحد عشر

адзінаццаць

12
اثنا عشر
....
дванаццаць

13
ثلاثة عشر
....
трынаццаць

14
أربعة عشر
....
чатырнаццаць

15
خمسة عشر
....
пятнаццаць

16
ستة عشر
....
шаснаццаць

17
سبعة عشر
....
сямнаццаць

18
ثمانية عشر
....
васямнаццаць

19
تسعة عشر
....
дзевятнаццаць

20
عشرون
....
дваццаць

100
مائة
....
сто

1.000
ألف
....
тысяча

1.000.000
مليون
....
мільён

الإنكليزية

англійская

الإنكليزية الأمريكية

англійская (Амерыка)

لغة ماندارين الصينية

кітайская мандарынская

الهندية

хіндзі

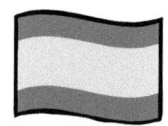

الإسبانية

іспанская

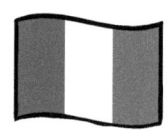

الفرنسية

французская

العربية

арабская

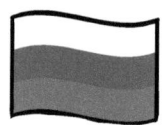

الروسية

руская

البرتغالية

партугальская

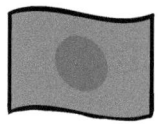

البنغالية

бенгальская

الألمانية

нямецкая

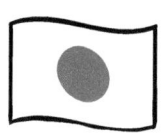

اليابانية

японская

أنا

я

أنت

ты

هو / هي

ён / яна / яно

نحن

мы

أنتم

вы

هم

яны

من؟

хто?

ماذا؟

што?

كيف؟

як?

أين؟

дзе?

متى؟

калі?

اسم

імя

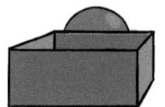

خلف

за

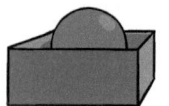

في

у

أمام

перад

فوق

над

على

на

تحت

пад

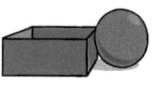

جنب

каля

بين

паміж

مكان

месца